U0888867

现代产教融合
系列培训教材

自我管理

Self-management

王相森 主编
彭 洋 龚全新 朱 蓓 副主编

化学工业出版社
·北京·

内容简介

《自我管理》聚焦“如何做好管理者”，系统设计管理者自身核心能力培养体系。第一章从管理认知、职责界定、角色定位到思维转型，构建管理者职业认知框架，助力快速进入管理角色；第二章通过“大脑”认知、管理风格与性格解析，精准定位个人管理特质，为职业发展找准方向；第三章针对职场高频痛点，提供职业健康维护、压力疏导与情商提升的实操策略，强化职业韧性；第四章针对团队与个人执行力短板，拆解执行流程、剖析常见问题，融入高效执行的职业意识培养方案；第五章围绕职业激情维系，从信念塑造、正能量激发到行为落地，为持续职业突破注入动力。内容贴合职场场景，突出实战导向。本书适合作为管理者职业进阶的实用培训教材。

图书在版编目（CIP）数据

自我管理 / 王相森主编 ; 彭洋，龚全新，朱蓓副主编. -- 北京 : 化学工业出版社，2025. 12. --（现代产教融合系列培训教材）. -- ISBN 978-7-122-49472-6

Ⅰ. C912.1

中国国家版本馆CIP数据核字第20256EN528号

责任编辑：高　宁　林　洁　　　文字编辑：范晓锋
责任校对：李　爽　　　　　　　装帧设计：刘丽华

出版发行：化学工业出版社
（北京市东城区青年湖南街13号　邮政编码100011）
印　　装：中煤（北京）印务有限公司
710mm×1000mm　1/16　印张10¾　字数178千字
2025年12月北京第1版第1次印刷

购书咨询：010-64518888　　　售后服务：010-64518899
网　　址：http://www.cip.com.cn
凡购买本书，如有缺损质量问题，本社销售中心负责调换。

定　　价：58.00元

《自我管理》编写人员名单

主　　编：王相森

副 主 编：彭　洋　龚全新　朱　蓓

参编人员：陈远姨　陈云端　罗小放　龙春娥　陈世淦
张莉莉　闫冬雪　陈尚林　向凡平　付仕琳

序一

在中国经济高质量发展的新征程中，化工产业作为国民经济的支柱产业，正经历着前所未有的转型升级。随着“中国制造2025”“智能制造”等国家战略的深入推进，产业急需大批“懂工艺、精装备、善管理、会创新”的现场工程师，教育培训亟待打通“学科孤岛”与“企业围墙”。然而，长期以来，我国化工教育与产业实际需求之间存在着“两张皮”现象，人才培养与企业需求脱节，导致既有的人才供给难以满足产业发展的实际需要。

产教融合是解决这一矛盾的重要途径。它打破了传统教育与产业之间的壁垒，实现了教育链与产业链的有机衔接，促进了优质教育资源与先进产业要素的深度融合。在此背景下，湖北兴发化工集团股份有限公司（以下简称“兴发集团”）与湖北三峡职业技术学院联合，倾力打造“现代产教融合系列培训教材”，旨在为化工行业培养“下得去现场、攻得下难题、带得好团队”的高素质技术技能人才提供有力支撑。

本系列教材涵盖化工安全、化工工艺、机电仪、智能制造、企业管理等多个领域，以实际工作过程为导向，以典型工作任务为载体，将企业真实案例、前沿技术和工匠精神融入教材内容，努力实现“教学做合一”。本系列丛书的《现场管理》《工作管理》《团队管理》《自我管理》《化工生产现场技术员》《化工单元操作》等教材，均由兴发集团一线技术专家与湖北三峡职业技术学院资深教师及行业专家合作编写，既有理论高度，又有实践深度，既体现学理性，又强调应用性，是产教融合的生动实践和丰硕成果。

这套教材有三大显著特点：一是立足产业实际需求。编写团队深入企业生产一线，全面分析岗位典型工作任务，精准提炼核心职业能力，确保教材内容与企业实际生产需求紧密对接。二是突出职业能力培养。教材以工作过程为主线，以项目为载体，以能力为本位，引导学习者在“做中学、学中做”，实现知识学习与技能训练的有机统一。

三是体现技术前沿发展。教材及时融入新技术、新工艺、新材料、新装备，反映行业发展前沿，增强学习者的创新意识和创新能力。

化工产业是一个技术密集型、资金密集型产业，对从业人员的专业素养和技术水平有着极高的要求。同时，它也是一个高风险行业，安全生产永远是第一位的。本系列教材既注重培养学习者的专业技术能力，又着力提升其安全意识和规范操作能力，力求为企业输送全面发展的高素质技能人才。

作为兴发集团与湖北三峡职业技术学院合作的成果，本系列教材凝聚了双方专家的智慧和心血，是校企深度合作的典范。兴发集团作为国内主要的精细化工企业之一，拥有丰富的生产实践经验和先进的技术工艺；湖北三峡职业技术学院则在化工人才培养方面积累了丰富的教学经验和教育资源。双方优势互补，共同打造了这套既有理论深度又有实践价值的精品教材。

在新时代背景下，希望本系列教材能够为广大化工专业学生和企业一线员工提供系统、实用的学习资源，帮助他们掌握必备的专业知识和关键技能，培养精益求精的工匠精神和持续学习的创新意识。同时，也希望本系列教材能为职业院校教师提供优质的教学参考，促进课程改革和教学创新，为产教融合、校企合作探索新路径、提供新样板。

化工强则中国强。随着我国化工产业向高端化、智能化、绿色化方向发展，对高素质技术技能人才的需求将更加迫切。我们期待这套教材能够在培养新时代化工人才方面发挥重要作用，为中国化工产业高质量发展贡献力量。

中国化工教育协会第四、第五届理事会会长 郝长江

2025年8月

序二

企业的持续稳健发展，关键靠科技、根本靠管理、最终靠人才。人才是企业的第一战略资源，知识员工、创意员工是智能信息化时代的引领者，以“大国工匠”为代表的技能员工队伍是制造类企业的基石。建设战略学习型组织，通过高质量的职业培训为各类人才提供学习与成长的机会，是建设世界一流企业的重要基础。

职业培训的生命力源于产教融合的程度，关键在于搭建理论与实践之桥，把概念性、原则性的理论知识转化为通俗化、具有操作性的语言、方法和工具，不仅易学易记，更要有用有效，帮助企业解决堵点、难点、痛点、关键点等实际问题，这就需要开发符合职业培训特点的课程体系和培训教材。

中国化工教育协会原会长郝长江同志指出，职业培训教材建设主要有两条路径：一是高等院校教材的简化版，这在体系化、规范化方面比较成熟，但适用性有待加强；二是从岗位胜任力出发的实操版，显现了良好效果和生命力，但体系化、规范化方面有待提高，才能更好推广普及。这两条路径具有互补性，但解决理论与实践“最后一公里”问题，更需要从岗位能力出发，根据国家职业大典和技能等级资格认定标准，丰富工具和方法，才能知行合一，为职业教育改革特别是产教深度融合探索新路径，创造新成果。

兴发集团是全国职业教育教师企业实践基地、湖北省首批产教融合型企业，积极探索建设“工作管理为核心、团队管理为关键、自我管理为基础”的管理培训课程体系，组织编印了“现场管理”“工作管理”“团队管理”“自我管理”等培训教材。2019年6月以来，这些教材内容持续在兴发集团等多家企业管理干部集训班试用，获得了学员的广泛好评，为正式成册出版提供了重要实践基础。

“现代产教融合系列培训教材”是集体智慧的结晶。有关企业管理和职业培训的研究探索成果浩如烟海，编者精心筛选集成，力求为在职人员特别是管理者提供简洁适用的管理理念、方法和工具。丛书编委会副主任王相森具有30多年职业培训和20多年大型国有上市公司高管的丰富经历；专业培训机构高级讲师孙志虎、彭洋、龚全新，全程参与了教材的策划、编写与培训工作；湖北三峡职业技术学院朱蓓、陈云端、罗小放、龙春娥教授对教材内容的思想观念合规性、知识案例合理性、工具方法操作性进行了认真把关；湖北大学郭志文、娄兆文、叶红春、徐江琴教授给予了悉心指导；退休中文教师、原天星供电公司培训主管吴绪纲先生进行了细致的文字把关；兴发集团培训中心陈远姨、陈世淦、张莉莉、闫冬雪、向凡平、陈尚林、付仕琳承担了教材组稿、校对、教学管理等大量基础工作；特别是中国化工教育协会有关专家深入公司指导教材建设，组织全国20多所高等院校的化工专家现场调研交流，提出了弥足珍贵的意见和建议。对所有参与者的辛勤付出，在此一并致以最衷心的感谢！

本书可以作为企业中基层干部的培训用书，也可以作为各类管理人员、基层员工、学校师生、社会人士的参考读物。

兴发集团党委书记、董事长 李国璋

2025年7月于昭君故里

前言

修身、齐家、治国、平天下，修身是起点。同理，管理是“管人”与“理事”的融合，管理自己是起点。管理者只有管理好了自己，才能管理好团队，从而管理好工作。

《自我管理》聚焦“如何做好管理者”，从管理者的“角色定位、自我认知、情绪韧性、高效执行、状态管理”五个维度，系统构建了自我管理能力的基本框架，为管理者管理好自己的认知与行为提供行动指南。

角色定位。通过明确管理者的职责、角色定位与思维转变，帮助管理者跳出执行者或“民意代表”的误区，真正成为公司战略的执行者和团队的指挥官。

自我认知。通过DISC性格测评等工具，让管理者了解自己的管理风格与性格特质，从而扬长避短，并能更有效地与不同类型的下属和同事沟通协作。

情绪韧性。情绪能力是比智商更重要的成功因素。管理者不是超人，也会焦虑、疲惫，需要学会将压力转化为动力，实现从“情绪消耗”到“情绪赋能”的转变。

高效执行。执行力是管理的生命线。管理者要深入了解影响执行力的主要因素，掌握提升执行力的实用方法。

状态管理。激情是事业成功的重要动力。通过树立信念、激发正能量、行为改变状态等多元措施，点燃并维持激情，保持昂扬斗志。

《自我管理》旨在提高管理主体的素养与能力，致力于探索管理者改善自我认知与行为方式的具体思想、方法和工具，明显有别于大众化的“自我修炼”教材，是具有很强操作性的实用工具书。

诚盼该书能够成为广大读者的知心朋友，对大家更好地应对各种管理挑战有所裨益，从而收获更多幸福与精彩。

囿于编者理论知识和专业能力，不足与疏漏在所难免，敬请专家、读者批评指正，便于再版时改进。

编者

2025年9月

目录

第一章 管理者的职责与角色认知

1955 年，美国著名管理学家彼得·德鲁克（Peter F. Drucker）提出了“管理者角色”的概念。德鲁克认为，管理是一种无形的力量，这种力量是通过各级管理者体现出来的。本章将帮助管理者了解管理的基本概念、管理者这种角色的特征、管理者应该履行、承担哪些职责，以及作为管理者要履行好自己的管理职责应该形成什么样的思维方式等内容。

第一节 管理认知

一、管理的定义

众多管理学家对管理给出了各种定义。彼得·德鲁克认为：“管理是一种工作，它有自己的技巧、工具和方法；管理是一种器官，是赋予组织以生命的、能动的、动态的器官；管理是一门科学，一种系统化的并到处适用的知识，同时管理也是一种文化”。“科学管理之父”弗雷德里克·泰罗（Frederick Winslow Taylor）认为：“管理就是确切地知道你要别人干什么，并使他用最好的方法去干。”在泰罗看来，管理就是指挥他人能用最好的办法去工作。

目前，最受企业界推崇与认可的是亨利·法约尔（Henri Fayol）对管理的定义：“管理是所有的人类组织都有的一种活动，这种活动由五项要素组成：计划、组织、指挥、协调和控制。”

二、企业的管理内容

企业的管理内容包括计划管理、流程管理、组织管理、战略管理和文化管理五个方面。优秀的企业需要这五项内容和谐发展、协同作用，而这五项内容的协同就是企业的系统能力。只有具备系统能力的企业才具有核心竞争力。企业的管理内容，可进一步通过图 1.1 学习、理解。

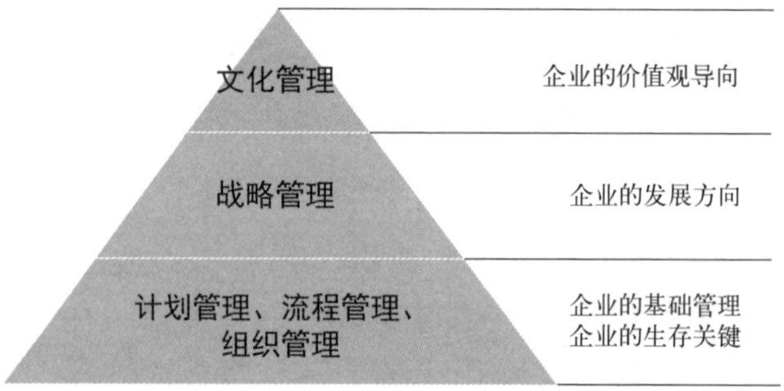

图 1.1　企业的五项管理内容

（一）计划管理：回答资源与目标是否匹配的问题

对于计划本身的理解，很多人认为计划是一组数据、是一堆考核指标。其实，计划本身是一个管理内容，计划是指对未来的行动或活动以及未来资源供给与使用的筹划。计划指导着一个组织系统循序渐进地实现组织的目标。计划管理要解决的核心问题是目标和资源之间关系是否匹配的问题。计划管理就是让目标与资源的关系处在匹配的状态，这是一个最为基础的管理内容。因此，计划管理由三个关键元素构成：目标、资源以及两者匹配的关系。

目标是计划管理的基础。彼得·德鲁克说："没有目标就没有工作。"目标管理的实现需要三个条件：高层强有力的支持、目标要能够检验、目标表述清晰。

资源是计划管理的对象。计划管理事实上是管理资源，而不是管理目标。很多人对于计划管理的理解多是与目标联系在一起的，也通常会以为目标是计划管理的对象，其实计划管理的对象是资源。资源是目标实现的条件，如果我们想让计划得以实现，唯一的办法是获得资源。目标与资源两者匹配的关系是计划管理的结果，也可以说两者的匹配关系是衡量计划管理好坏的标准：当所拥有的资源能够支撑目标的时候，计划管理得以实现；当资源大过目标或者无法支撑目标的时候，要么浪费资源，要么"做白日梦”。比如很多时候，企业管理者更关注的是企业是否有足够的资源来实现这些目标。当企业的资源与其宏伟目标不相匹配时，不仅目标难以达成，还可能面临严重的危机。

（二）流程管理：解决人与事是否匹配的问题

如果简单描述流程管理，其实就是“人人有事做、事事有人做”。要解决企业效率的问题，流程是关键。很多人可能把流程等同于审批权限，而不是把它看成做成一件事情必须做的分工。而在内部管理当中，最可怕的是人浮于事。人浮于事其实是通过流程来界定的。如果企业流程清楚地界定了五件事情，设定了五个主流程，所有的人都在主流程上，就不存在人浮于事了。如果企业没有把公司最重要的事情界定下来，导致所有人都在里面乱做，这个时候人浮于事的现象就会非常普遍。

有些企业不成功，就在于流程上出问题，因为只有通过完善的流程管理，才能解决效率和复制的问题。没有流程，或许你可以经营好一家餐厅，但永远无法规模化复制并成功运营一百家、一千家。当然，我们也能看到在流程管理上做得很好的中国企业，如华为、海尔等。总的来说，流程管理是可以实现的。要实现流程管理，需要改变一些管理习惯，具体来说有三点：打破职能壁垒，培养系统思维习惯，构建绩效导向的企业文化。

1. 打破职能壁垒

职能导向侧重于对企业具体部门和岗位的职能管理与控制，关注本部门的职能完成度和垂直化的管理控制，企业各部门间的职能行为往往缺少完整有机的联系。它没有确定“时间标准”这一最重要的工作标准，通常是由该部门的主管领导临时制定，这不仅大幅增加了主管领导的工作量，更因标准不确定，导致整体工作效率大幅降低。因此，必须打破职能的壁垒。

2. 培养系统思维习惯

流程导向侧重的是目标和时间，即以顾客、市场需求为导向，将企业运营行为视为一个总流程下的流程集合，并对这个集合进行管理和控制，强调全过程的协调及目标化。每一项工作都是流程的一部分，也是一个流程的节点；其完成必须满足整个流程的时间要求，时间是整个流程中最重要的标准之一。比如肯德基炸薯条的标准时长是 6 分钟，炸好的薯条超过 7 分钟就过期了。因为只有在这个时间内薯条的口感才是最好的，客户满意度才最高。因此在流程框架下，时间作为基本坐标，决定了管理者需要系统地思考问题，而不是仅仅依据自己所在的部门或者自己的岗位。管理者必须学会系统思维，形成绩效导向的企业文化。

3. 构建绩效导向的企业文化

海尔在以客户为中心推进流程管理过程中，提出了“人人都有一个市场，人人都面对一个市场”的理念。海尔通过绩效激励员工共同追求流程，这是海尔实施流程管理的一种灌输方式，这种方式恰恰让我们看到形成以绩效为导向的企业文化是流程管理的保障。通过让员工理解流程管理的相关概念，激励每个员工参与流程再造，重视员工的建议等，来完成这个艰巨的管理模式转变。没有这样的文化氛围，流程管理只能流于形式，这也是中国很多企业引入流程再造很难取得成功的根本原因。

（三）组织管理：回答权力与责任是否匹配的问题

组织管理做得比较有效，就是让有权的人必须负责，负责的人必须有权。让权力与责任处于平衡状态是组织管理要解决的问题。数字化时代，企业本身的功能定位以及发展路径，都有了巨大的调整。因此，在企业管理当中，至少有三个最重要的关键词需要去理解：一是赋能，二是共生，三是协同。

1. 赋能：激活个体潜能的组织变革

数字化时代呈现两种赋能需求。第一种情形，外部的变化是动态化的，企业的经营和发展需要有能力不断地针对变化去做对应的调整。因此，管理不能够只做管控，而要讨论用赋能的概念。第二种情形，现代企业很多员工个人能力突出，创造力强，具备展现自身才华的潜力。企业必须真正给他们赋能，才能发挥这些“强个体”的作用。否则，这些优秀的员工就会流失。

2. 共生：构建价值网络的生态逻辑

在数字化时代，任何一个企业都无法独立创造价值，必须能够与更多的组织、系统，乃至与整个外部环境实现共生，才能找到新的成长空间并发展起来。要获取真正的成长空间和发展机遇，企业需要具备与不同的组织和成员实现共生共赢的能力，而非单纯依赖竞争关系。

3. 协同：数字化驱动的组织重构

互联网技术和数字技术对组织管理来讲，会带来三个最根本的变化：第一个根本变化是效率不仅来源于分工，更多来源于协同；第二个根本变化是在整个绩效当中，最核心的是激励创新，而非简单的绩效考核；第三个根本变化是创建一种全新的组织文化——和谐共赢、共创共生。如果这是数字化时代或者互联网时代给组织带来的三个最根本变化，那么这些变化背后的逻辑便是协同的效率。

赋能是基础，共生是方向，协同是手段。赋能、共生、协同这三个关键词，需要每个企业的管理者对自己组织管理习惯做出调整，需要自身能够与组织共同成长。当管理者真正成长起来，让组织具备赋能的能力、与更多主体共生的能力、与其他成员协同增效的能力，相信在未来的发展中，一定能够找到属于自己的价值，并获得持续的成长。

（四）战略管理：解决企业核心竞争力的问题

企业核心竞争力的最关键要素，即从顾客需求的角度定义企业的核心竞争力。不符合顾客需求、无法为顾客最重视的价值作出关键贡献的能力并非核心竞争力。核心竞争力首先应当是深入理解和准确把握市场及顾客需求的能力。对于这一点，海尔是这样总结的："与顾客零距离就是与竞争对手远距离"。

当然，在数字化时代，企业核心竞争力不仅在于满足需求，还在于能否为顾客创造需求。很多需求是被创造出来的，甚至顾客都不了解这个需求。比如，iPhone将手机上已有的和潜在的功能，以一种颠覆性的方式整合并呈现给世界，从而彻底改变了人们对手机的认知和期待。今天的战略核心，不是去满足谁，而是如何创造需求，为顾客提供更大的价值。当你能够创造顾客价值的时候，实际上你就没有对手了。

通俗来讲，制定战略时需要回答三个问题：你想做什么？你能做什么？你可以做什么？在工业时代，如果用竞争逻辑，"你想做什么"就是你的初心和梦想；"你能做什么"就是你所拥有的资源和能力；"你可以做什么"就是你对自己在这个产业当中定位的理解以及对产业发展规律的把握。

数字化时代，"你想做什么"可以被赋予新内涵——只要能够重新定义目标，这件事就可以去想。"你能做什么"不取决于你拥有什么资源和能力，而是取决于你与谁建立连接。"你可以做什么"也不再受到太多限制，因为可以跨界新领域。

虽然如今经济环境和经济增长方式发生了调整，给很多企业带来了挑战，但是对于单一企业而言，发展机会反而增多了，因为完全能够重新定义、不断连接、跨界寻求新空间。面对当下遇到的巨大挑战，需要坚持顾客主义和长期主义。因为在数字化时代，顾客是解开战略选择谜题的唯一钥匙，长期主义能够帮助我们在不确定中获得战略定力。当我们能够坦然接受未来的挑战，愿意理解外部世界并拥有内在力量的时候，结果必定是美好的。

（五）文化管理：解决企业持续经营的问题

企业为了什么或者追求什么样的目标？肩负何种使命？拥有什么样的价值标准，是决定企业能否可以持续的根本因素，而这些问题的回答正是企业文化所承担的责任。

企业领袖成为聚焦的中心，反映了一种复杂的社会过程。企业领袖代表着民族精神的方向，一家企业的文化之根源，在于企业领导人的思维模式和管理理念。企业文化既是企业的核心灵魂，也是企业的本质特征，是基于企业家推崇和践行的管理方式而产生的团队绩效。

从管理方式角度看，管理方式对企业文化的推动，呈现这样的发展过程：人事制度→人的管理→企业管理模式→核心价值观→企业文化。随着企业的发展，企业文化的演进通常历经企业家个性魅力（企业家文化）→团队协同魅力（团队文化）→企业独特魅力（企业文化）。从企业文化的发展进程来看，中国企业在过去的近40年时间里已逐步形成和提炼出具有创新导向的企业文化。随着市场竞争及国际化竞争的日益激烈，中国企业正在推动自身的企业文化向愿景导向的竞争性文化转型，不过其中必然还有相当长的路要走。因此，企业文化建设是一条漫长的道路，它伴随着企业持续成长的步伐。

计划管理、流程管理和组织管理被称为基础管理，是企业生存发展的关键所在。战略管理和文化管理属于更高层次的管理，不要将战略管理和文化管理置于企业管理的基础层面推进，否则会适得其反。

三、企业的管理责任

企业需要履行经济责任和社会责任等管理责任。本书源于大型国有企业兴发集团的管理干部集训班教材。针对兴发集团等大型国有企业，其核心管理责任还包括政治责任。

（一）经济责任

企业是支撑人类社会运转的基本经济单元，其主要目的是为社会提供产品和服务，为社会发展做贡献。企业首先要达成经济目标，最基本的任务就是实现利润最大化，进而回报股东或出资人。

对于国有企业，承担经济责任，就是要充分发挥其在国民经济中的骨干与支柱作用，努力生产优质产品，提供优质服务，不断提升核心竞争力，创造更高的经济效益；确保国有资产保值增值，促进国民经济平稳快速发展。

（二）社会责任

企业作为一个经济实体，其经济属性决定了它必须追求利润，实现价值最大化。然而，企业价值的最大化并不等同于利润最大化，而是在实现利润最大化的过程中，实现企业品牌、美誉度、社会形象等无形资产的最大化。这就要求企业主动承担相应的社会责任，推动自身经济属性不断拓展为社会属性。

当前，企业社会责任已成为衡量企业持续发展能力的重要指标，许多大型跨国公司都把“企业公民”作为公司的核心价值观之一，并积极践行。《财富》和《福布斯》在对全球企业进行排名评比时，都包含社会责任指标。企业社会责任促进会（BSR）指出：多项研究显示，若企业能够平衡兼顾与企业密切相关的各方（如监管部门、员工、顾客），其业务增长率是其他公司的4倍，就业增长率是其他公司的8倍；反之，股票至少会跌价6个月。可见，一个没有社会责任意识的企业不可能持续经营；只有取之于社会、用之于社会的企业，才能在自身发展中与社会形成良性互动。

国有企业是中国经济社会的重要组成部分，是构建社会主义和谐社会的主体，必须承担社会责任。

因此，现代国有企业不能将某些资本主义企业崇尚的利润最大化作为生存理念，也不能沿袭计划经济时期把企业塑造成全能社会主体的做法。国有企业承担的社会责任主要涵盖四个方面的内容：一是为政府依法纳税；二是为社会创造就业机会；三是为市场提供优质产品或服务，并在经营过程中兼顾环境友好和资源节约；四是积极支持社会公益事业和慈善事业，帮扶弱势群体。

（三）政治责任

国有企业由国家所有或国家控股，关乎国民经济命脉和国家安全，必须主动承担政治责任。

从国有企业的政治属性来看，国有企业属于社会主义公有制企业，掌控着国家的经济命脉，是社会主义制度赖以存在和发展的经济基础，是国家掌控经济局势、实施宏观调控的主要经济保障。国有企业承担政治责任，就是要充分利用国内外两种资源，积极参与国家经济和安全体系建设，维护社会主义市场经济秩序，努力保障国内市场供应，为国家应对突发事件和重大经济风险提供坚实支撑。

企业承担的经济责任、社会责任和政治责任是辩证统一的，是同等重要的。只有经济效益提升了，综合实力增强了，才能为国家经济发展和社会繁荣作出更大贡献，才能为社会提供更多的就业岗位，才能使广大员工利益得到根本保障。只有持续增强政治意识、大局意识和责任意识，才能抓住机遇，获得更大发展，取得更多效益，才能更好地承担相应的社会责任。只有增强社会责任感，不断回报股东、社会、员工，营造和谐的发展氛围，才能确保公司可持续发展，不断提高经济效益和实力，为国家经济安全提供可靠保障。

第二节
管理者的职责

一、为什么需要管理者

【案例】

2022 年，某全球领先的 AI 芯片企业亚太区研发中心面临关键挑战：核心研发团队因技术路线分歧陷入停滞，项目进度滞后导致客户交付风险激增。表面看，问题源于技术路线之争——部分团队主张延续传统架构优化，另一派则力推颠覆性创新方案。但深层次分析揭示，症结在于“管理真空”：

① 角色错位：技术总监同时承担架构设计评审、资源分配、跨部门协调等职责，每日陷入技术细节讨论，导致战略决策迟滞。

② 协同失效：硬件、软件、算法团队因缺乏统一目标导向，各自为政，资源重复投入且成果难以整合。

③ 响应迟缓：面对客户紧急需求变更，流程需经多层审批，错失市场窗口期。

管理介入与变革：

公司总部派遣资深运营官担任亚太区首席运营官（COO），通过三项举措重构管理逻辑：

① 战略聚焦：明确“短期产品迭代 + 长期技术储备”双轨制，设立独立创新实验室与产品化团队，消除路线之争。

② 权责重构：技术总监回归技术领导角色，COO 统筹资源分配与跨部门协同，建立“技术—市场—运营”三角决策机制。

③ 流程数字化：部署项目管理平台，实现需求—开发—测试全流程可

视化，缩短决策链至48小时内。

成效是6个月内，项目交付周期缩短40%，客户满意度提升28%，同时孵化出两项具备市场潜力的创新技术。

点评：此案例揭示了管理的本质价值——在复杂系统中，管理者不是“执行者”的替代，而是通过战略解码、资源整合与流程优化，将个体能力转化为组织效能。正如现代管理学之父彼得·德鲁克所言：“管理者的任务不是让工人更努力，而是让系统更聪明。”在高度不确定的数字化时代，企业间的竞争已从个体效率比拼升级为组织管理能力的较量。

二、管理者层级与职责

在企业管理中，人们很多时候聚焦的是管理的机构，也就是所谓的组织架构，却忽略了管理的层次。殊不知只有先设定好管理的层次，才能够进一步设计管理的机构。在管理体系中，不同的管理层次有着各自的功能与作用。高层管理、中层管理和基层管理，彼此依存、相互影响，共同构筑了一个完整的管理体系，支撑着企业分工一体化的关系体系，也支撑着企业的价值创造流程与能力。

美国麻省理工学院斯隆管理学院提出了一种理论，叫“安东尼结构”，揭示了企业经营管理层次结构（表1.1）。该结构将经营管理划分为三个层次：战略规划层、战术计划层和运行管理层。这正对应我们常说的企业管理层的三个层级：高层、中层、基层。

表1.1　安东尼结构

层级		基层（运行管理层）	中层（战术计划层）	高层（战略规划层）
职能		做好事情 （工作管理）	维持秩序（关系管理）	实现变革（创新管理）
分工	例行工作	70%	20%	10%
		遵守规定	对例行工作验收	检查终端符合性
	问题工作	20%	60%	20%
		发现并报告	分析、查找问题根源，提出解决方案及需要资源	批准方案，提供资源
	创新工作	10%	20%	70%
		在例行工作中创新方法	不走样复制上级创新工作，并转化为可操作程序	新思路、方向、路线，否定自己过去并试验
三大能力		技术 70% 人际 20% 概念 10%	人际 60% 概念 20% 技术 20%	概念 70% 人际 20% 技术 10%

在“安东尼结构”中，战略规划层（高层）思考的是企业的战略、方向以及涉及与目标相关的大政方针问题；比如一个项目要不要上马、什么时候上马，这些均是企业中最为基础的决策问题，一旦决策失误，效率越高反而意味着损失越大。战术计划层（中层）主要思索的是在既定战略下如何组织和实施，也就是回答怎样上马的问题。而运行管理层（基层）关注的是怎样干好的问题，即具体落实计划、组织生产是他们的主要任务。

另外，不同层级的管理者对企业的贡献各异：高层管理者为企业的成长和长期发展贡献力量，中层管理者为企业的稳定和效率作出贡献，基层管理者则对企业的成本、质量和短期效益作出贡献。相应地，各个层级的管理者的职责也不尽相同。只有每个层级的管理者都做好本职工作，整个组织才能够高效运作，公司的发展也才会更加平稳、迅速。

（一）管理者的职能

1. 高层管理者

彼得·德鲁克认为，高层管理者的主要职能是从战略高度明晰企业的目标、面临的机遇和挑战，能够科学地制定企业的总目标、总战略以及企业的各项政策。具体来说，高层管理者应该做好五件事。

（1）确定目标，制定战略

确定目标的前提是明确企业的使命，也就是深入思考“我们的企业是什么以及应该是什么”这个重大问题。在此基础上，结合企业实际，为了取得未来的成果而制定战略性的决策。这样的决策必须能够平衡目前与未来的目标。

（2）推动创新

企业技术革新突飞猛进、客户需求变幻莫测、市场竞争愈发激烈，想要在持续变化的外部环境中生存和发展，除了主动求变、不断创新，别无他法。高层管理者应当积极营造公司内部的创新氛围，搭建创新平台，构建良好激励机制，包容员工在创新过程中的失败，不断激发员工创新热情。

（3）确定标准，树立榜样

标准是衡量组织成员绩效的依据，也是实施奖惩的依据。有了明晰的标准，员工的行动便有了参照。榜样是引领员工前行的标杆。在组织中，最大的榜样当属高层管理者，高层管理者的行为准则、价值观与信念为整个组织作出了表率，塑造了组织精神。

（4）培养人才梯队

组织要想长远发展，必须在人才的成长上有长远的眼光和规划；为未来培养人才，特别是为未来的高层管理者培养能够担负责任的接班梯队；要及早谋划，让具备潜力的人才接受多方面的锻炼、考验，提升他们的综合素质。

（5）建立和维持重要关系

组织的存在和发展需要与利益相关者建立和维持重要关系，如重点顾客、主要供应商、政府相关部门、银行、科研机构等。这些关系对企业取得成就具有极为重要的影响，一般由能够代表整个组织的高层管理者建立和维持。

2. 中层管理者

中层管理者是指在高层管理和基层管理之间的某个或者若干个中层级的管理人员。也就是说，这个职位不再是面对基层员工，其管理对象也是管理者。比如一个部门总监或者部门经理，只是叫法不一样而已；再比如说，一个分公司或子公司的总经理。

中层管理者多从优秀的基层管理者岗位中晋升而来。对下要管理部门及基层管理者，对上要向公司的高层管理者报告并负责。本质上是承上启下的管理层，所以很多人把中层管理看成“夹心层”，也叫“混凝土层”，还叫企业的“中坚力量”。

企业的很多中层管理者，虽然到了管理者的位置，但是角色完全没有转换过来。中层管理者必须从价值角度思考自身在企业中的定位。

第一，为企业带来价值，带领团队创造业绩、完成目标等；第二，为企业培养人才。中层管理者只完成高层的战略任务还是不够的，还要帮助企业培养精英员工，立足于企业的可持续发展，做好这两点，中层管理者才能体现出自己的价值。对上有交代，让高层放心；对下有责任，让下属跟着他有奔头。

中层管理者既是战略的执行者，也是团队的指挥官，应该做哪些具体的工作呢？

第一，领会上级的意图：根据上级的战略意图制定详细的行动方案；第二，岗位职责管理：做好岗位职责分工，让每个下属清楚知道自己的工作职责，避免出现问题无人负责、互相扯皮的现象；第三，员工的绩效管理：大目标只有分解成可实施的小目标，才能逐一落实；需将一年的部门目标分解到 12 个月，然后再细分为每个人每月、每周的任务指标；对下属，采用月绩效考核、周汇总考核、日汇报考核的方式；第四，团队建设与管理：团队建设需要注意的问题很多，比如下属的培训、激励沟通、职业生涯规划等，其中关键的一点，就是团队价值文化和共同价值观的打造。

3. 基层管理者

基层管理者（又称一线管理者）是指在组织中处于最低管理层级、直接负责管理一线员工的人员，常见职务包括工厂班组长、项目小组长、客服主管等。作为管理结构的基础环节，其核心职责是传达上级指令、分配具体任务、协调工作进度并解决操作层面的问题，并通过业务示范和日常督导，确保组织目标的执行效率。基层管理者这类岗位的目的在于两点：一是通过驱动基层员工完成工作目标，二是为培养企业后备干部做准备。

基于这两个目的，基层管理者的核心工作内容有：安排工作重心、指导员工制订工作计划、分配员工工作内容、管控员工工作进度和工作质量、纠正员工工作失误、教练辅导员工工作方法、激励员工达成工作结果、协调员工工作关系、提升员工对企业价值观的理解和认同。

基层管理者要对日常操作性的目标负责，包括短期的发展、以任务为主的工作安排、销售定额、成本控制以及生产力标准。由此可以得出结论，基层管理者对短期效益负责：公司是否具有盈利的能力、是否可以降低成本、保证质量，取决于基层管理者的能力和水平。当出现品质下降、成本失控、定额不能完成的情况，肯定是基层管理者有问题。

在现实管理中，出现的情形刚好相反：具有成本和质量意识的往往是中高层管理者，而很多基层管理者反而没有成本和质量管控的意识和习惯。例如，小王去拜访某企业老板，谈话中对方递来几页文件，并特意说明，这些文件是用废纸打印的，反面内容已无用——这般节约用纸的做法，令人心生敬佩。到了下午，小王因需打印文件给这位老板，便请其秘书帮忙。没想到，却见到截然相反的情景：这位日常频繁打印的秘书，只要内容稍有错漏，就会把整张纸作废，另取新纸重打。一个很少亲自打印的老板如此珍惜纸张，一个日日与打印打交道的秘书却毫不在意，这反差令小王诧异。因此，问题的关键是有关成本、质量的管理责任一定要由基层管理者承担起来，否则不管公司多么强调，不管高层管理者如何身体力行，效果都不会太好。只有基层管理者发挥作用，成本才能够得到有效控制，质量才能实现持续提升。

（二）管理者的分工

1. 例行工作

例行工作是指按照规定，必须定期完成的工作。日常例行工作是基层管理者的重要工作职责；中层管理者的例行工作偏少，主要是对基层管理者例行工作进行验收；高层管理者则很少做具体的例行工作，仅有检查的职责。

2. 问题工作

问题工作是指以发现、解决问题为导向的工作。基层管理者以发现问题为主；中层管理者需要追查原因，提出解决方案，并监督执行，直到问题解决，所以问题工作是中层管理者的主要工作；高层管理者更多的是对问题解决的方案进行把关，并提供相应的资源支持。

3. 创新工作

创新工作是指通过新的工作思路和工作方法，提升工作效率和公司整体业绩。这类工作对于基层管理者而言，重点在于在执行例行工作中进行适当创新；中层管理者要对上级领导提出的新的工作思路和方法加以落实；而创新工作的重担应由高层管理者来承担，他们为企业带来新的管理理念、思路、方法，同时不断推动企业变革，他们应该是企业里最“不安分”的群体。

（三）管理者的三大能力

管理者三大能力的理论，出自哈佛商学院管理学家罗伯特·卡茨。卡茨总结了管理者须具备的三大能力：技术能力、人际能力和概念能力。

1. 技术能力

例如，当财务经理肯定得懂财务知识；当人力资源经理得懂人力资源管理体系；当汽车公司的营销总监得懂营销逻辑，还得懂汽车产品特性。技术能力主要来自经验的积累。对于基层管理者来说，技术能力是非常重要的，他们要直接处理，甚至亲自动手解决员工所从事工作中的问题。

2. 人际能力

人际能力很容易理解，就是跟人打交道的能力，包括上级、下级、平级、客户、合作伙伴等。由于管理者是通过别人来完成工作，因而必须具备良好的人际能力才能实现有效沟通、科学激励和合理授权。各层管理者都必须具备良好的人际关系能力，人际能力大致等同于情商。

3. 概念能力

概念能力就是分析能力，是管理者对复杂情况进行分析、诊断，进行抽象提炼和概念化的技能。例如，有人给你讲一个问题，讲了半天都说不清楚，你说：“你要说的是不是这个意思？”你解释完后，他恍然大悟地说：“对，对，就是这个意思！”这种能力，就是概念能力。具体包括：系统性能力、整体性能力、识别能力、创新能力、抽象思维能力等。把管理者的能力划分为技术能力、人际能力和概念能力，也是一种概念能力的典型应用。看到事物的本质、看到事物的联系，都是概念能力；概念能力是高层管理者最迫切需要的技能，实质上是一种战略思考及落地执行的能力。根据卡茨的研究，工作轮换是提升概念能力的有效方法，概念能力主要是智商。

三大能力随着管理者在组织中职位的晋升，其重要性占比也在发生变化：技术能力越来越不重要，人际能力一直都很重要，概念能力越来越重要。1993 年 4 月 1 日，郭士纳由美国最大的食品烟草公司老板转变成为 IBM 董事长兼首席执行官（CEO），很多人都笑："怎么找一个卖饼干的来卖电脑？"结果郭士纳干得很好。因为在销售员的层面，卖饼干和卖电脑需要的技术能力可能相差较多，但是在 CEO 的层面，最重要的是概念能力。

曾经有管理者问了一个问题："如何管理行业经验比自己更资深的员工？"这个问题一问出来，就暴露了他管理上的问题，说明他已经把注意力集中在技术层面了。如果比技术层面，应该让那个行业经验更资深的员工当经理，但是既然他能担任经理，说明企业选拔管理者主要看的不是技术能力，他应该多去思考如何培养和发挥自己的人际能力和概念能力——这不仅是管理者必要的能力，而且是必须担负起的责任。

三、新形势下管理者面临的挑战

如今由于多重因素不断交织、共振或此消彼长，管理者面临诸多考验。TOC 制约法[1]创始人艾利·高德拉特总结了管理者的三大挑战：复杂性、不确定性和冲突。

（一）复杂性

企业同时受内部和外部环境的双重影响，各种关系错综复杂，面临的问题层出不穷，往往使管理者应接不暇，忙于"救火"。面对复杂性，管理者要透过现象看本质、循着结果探原因、跳出局部看整体，要以整体的眼光来看待企业运营。在明确目标的前提下，洞察企业各类流程及规则、机制与文化的内在关联，找到制约企业绩效的关键因素；以关键因素为支点进行改善与变革，进而撬动企业绩效的大幅提升。

（二）不确定性

不确定性等于变化更加未知，比一般变化更复杂，更难以预测。对管

[1] TOC 制约法的核心观点是：任何系统至少存在一个制约因素（即"瓶颈"），该因素直接限制了系统的整体产出和绩效。通过识别和管理这个制约因素，就能显著提升系统的整体效能。其主要步骤包括：识别系统的制约因素，充分利用制约因素，使其他非制约因素迁就制约因素，提升制约因素的能力，最后寻找新的制约因素并重复上述过程。

理者而言，不确定性代表着意外和突如其来，往往让人猝不及防。例如，谁也不会预测到像新冠疫情这样的“黑天鹅”事件。面对不确定性，管理者既需要“以不变应万变”——在心态上保持定力，坚守企业初心、核心目标与价值理念；又需要“以万变应万变”——行动中下有对策，以适宜的策略、路径与方法灵活应变。可通过在时间、空间、物料、产能、资金、业务等方面设置缓冲或储备方式来应对不确定性；通过信息化、智能化的手段构建动态管理平台或产业生态系统，实时动态应变，与不确定性共舞。

（三）冲突

企业与竞争对手、客户、供应商、合作伙伴之间，以及企业内部各部门、各成员之间，常常发生博弈与冲突。若处理不当，将造成双输或零和[1]的结果，最终制约企业发展，这本质上是管理的失败。究其原因，往往是人们逃避冲突或在冲突中妥协的结果。管理者要本着一个信念——任何冲突都存在双赢的解决方案，关键在于找到各方的利益共同点或共同目标，识别、尊重各方的合理权利与需求；最终构建有效的解决方案，真正化解冲突，实现共赢。

除了内外部环境给管理者带来的挑战，彼得·德鲁克认为，管理者身在组织中就是“组织的囚徒”，必须面对四个现实挑战和问题：一是管理者的时间往往属于别人，而不是属于自己；二是管理者往往被迫忙于“日常运作”，除非敢于采取行动改变周围的一切；三是管理者本身处于一个“组织”框架之中，只有当别人能够利用管理者的贡献时，管理者才算有效；四是管理者是身处一个组织的“内部”，受到组织边界的局限。

彼得·德鲁克指出，所有管理者都面临以上这四种挑战，这是管理者自己无法改变的客观事实。正因为如此，每个管理者都必须有意识地学习如何提高自身的有效性，否则就不可能做到卓有成效。

这个世界唯一不变的是变化。昨天的大胆创新，转眼之间就已经变得司空见惯。在历史的各个时期，这样的挑战其实都存在。20 世纪初的科学管理，曾挑战当时人们的传统思维方式；如今的互联网和大量知识工作者的涌现，挑战着已经习惯工业化时代的人们。随着技术的不断更新、社会压力的不断增加、新知识的不断普及，明天的管理者也将会和今天不同。

---

[1] “零和”是一个用于描述某种情境或互动关系的术语。它指的是在一个系统或互动过程中，一方的所得恰好等于另一方的所失，整个系统的价值总量保持不变。

第三节 管理者的角色定位

一、角色定位的定义

角色定位的定义，可进一步通过图 1.2 学习、理解。

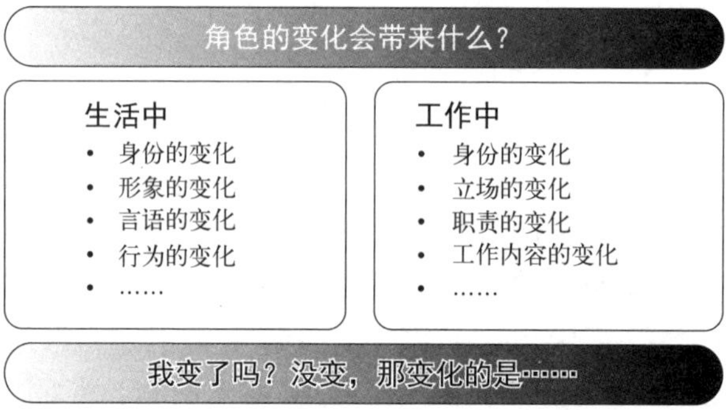

图 1.2　角色变化的影响图

（一）什么是角色

角色可指在戏剧、电影、电视中演员扮演的剧中人物，也可指生活中某种类型的人物。角色在组织中则是一种分工、一个部分、一个环节、一种岗位。由于所处的环境、位置不同，便有不同的角色。作为一名管理者，需要明确自身的角色是什么，并根据自身的角色调整行为模式。

传统的观点认为，管理者是凭借职位、权力，对人进行指挥和管理的人。这种概念强调的是组织中正式职位和职权，强调必须拥有下属。管理者在组织中工作，但是并非在组织中的每一个人都是管理者。最简单的一种划分是依据人员在组织中的地位和作用的不同。组织中的人员一般可以分为两大类：一类是操作者，另一类是管理者。管理者在管理工作中表现为 10 种角色，这 10 种角色分为三大类：人际方面的角色、信息方面的角色和决策方面的角色。

1. 人际角色

人际角色是产生管理者正式权力的基础。管理者扮演了三种人际角色：

① 代表人角色　必须行使一些具有礼仪性质的职责；

② 领导者角色　管理者和员工一起工作，并通过员工的努力来确保组

织目标的实现；

③ 联络者角色　需与组织内个人、小组一起工作，并与外部利益相关者建立良好的关系。

2. 信息角色

管理者负责确保和其一起工作的人具有足够的信息，从而能够顺利完成工作。整个组织的人依赖于管理结构和管理者以获取或传递必要的信息，进而完成工作。

① 监督者角色　持续关注内外环境的变化以获取对组织有用的信息，接触下属或从个人关系网获取信息，依据信息识别工作小组和组织潜在的机会和威胁；

② 传播者角色　整合并传递作为监督者获取的信息，保证员工具有必要的信息，以便切实有效完成工作；

③ 发言人角色　把信息传递给单位或组织以外的个人，让相关者（股东、消费者、政府等）了解并感到满意。

3. 决策角色

管理者需通过处理信息并得出结论，以决策让工作小组按照既定的路线行事，并分配资源以保证计划的实施。

① 企业家角色　对作为监督者发现的机会进行投资并对机会加以利用；

② 资源分配者角色　决定组织资源（财力、设备、时间、信息等）用于哪些项目；

③ 冲突管理者角色　处理组织运行过程中遇到的冲突或问题；

④ 谈判者角色　需与员工、供应商、客户和其他工作小组进行必要的谈判，确保小组朝着组织目标迈进。

管理者应该像乐队指挥一样，清楚地知道什么时候做什么事情，合理安排好下属的工作。同时要像教练一样，全身心地投入，给予下属最全面的指导，让下属能有效快速地掌握基本的操作技能。还要像舵手一样，跟随公司的整体目标，协同下属一起向目标迈进。

（二）什么是角色定位

每个人在生活中都有不同的角色：父亲、母亲、子女、丈夫、妻子、兄弟姐妹、亲朋好友等。不同的角色赋予我们不同的责任和义务，作为父母要抚养小孩，作为子女要赡养父母。我们生活中的很多矛盾都是因为角色定位出了偏差导致的。例如，作为丈夫这个角色，应该承担起家庭的重任、疼爱妻子、教育小孩，这是应做之事，但如果丈夫整天沉迷于外面的花花世界，对家庭不负责任，这就是角色定位出现了偏差。

因此，角色定位其实就是要搞清楚两个问题：一是我是谁（我的角色是什么）；二是我应该做什么，我不应该做什么（我的责任是什么）。

二、管理中的缺位与错位现象剖析

（一）管理缺位现象剖析

管理工作中，最忌讳的事情是管理缺位。所谓管理缺位，是指某个组织或者某件事情处于无人管理的状态。管理上不能有死角，这是管理的基本原则。

造成管理缺位有三个原因：一是所委派的管理人员不胜任管理职能。由于管理人员没有能力履行管理职能，造成该组织或者事情处于无人监管状态。这种情况解决较简单，更换人员即可。二是上下级对授权理解不一致。上级认为是下级的责任，下级认为不是自己的责任。上级认为已经授权下级处理了，下级认为自己没有被授权，这种理解上的偏差导致管理缺位。这种情况也较容易解决，通过加强沟通，并且借助一些管理工具，可以确保沟通充分。三是“抓大放小”的错误管理思路。这是最大的问题，如果上级是一个具有抓大放小管理思路的人，在管理时必然会留下管理盲区，造成管理缺位；如果上级不是这种思路，但是授权的下级是抓大放小的管理思路，必然也会在自己的管理中留下管理死角。这种情况比较难解决，需要每一个管理者都充分意识到管理不能有死角，同时完善职责分工并加强制度建设。

管理缺位的后果很严重。长期处于无人管理阶段，人员的自觉性会慢慢懈怠，劣根性会逐渐抬头，最终必然导致整个组织的风气和文化走向混乱。每个问题上差一点，结果就会离题万里。因此，对于管理者而言，时刻扫描辖区有无管理死角、杜绝管理缺位，是头等大事。

（二）管理错位现象剖析

【案例】

某公司针对生产系统连续几个月成本浪费、产能低下、质量不稳的现状，决定成立由财务中心牵头组建的专项督导组，负责查找生产系统的问题，拿出解决问题的办法，从根本上遏制生产浪费现象。督导组在车间巡查和数据分析对比过程中，发现了一个有趣现象：制造一部的经理管理相对轻松，在车间现场也仅进行巡视检查，很少参与生产现场的直接管理；只是定期对生产工段长以及骨干人员开展制度的宣导培训，基本上都是由生产班长、工段长进行工作分工和人员安排；员工仪容仪表整洁，生产现场秩序井然。而每次到制造二部巡查，总会感觉生产现场非常忙乱。制造二部经理和生产班长跑前跑后，紧张指挥，甚至有几次发现制造二部经理亲自在操作包装机，班长在帮助员工整理现场。按理说制造二部管理人员亲临一线生产，应该能够鼓舞士气、生产现场井然有序才对。可其实不然，制造二部现场管理最差，员工不满情绪也最大。对比两个制造部之间各项生产指标，制造一部明显比制造二部完成得好。

通过和生产员工、主要生产管理人员座谈，督导组才弄清楚主要原因在于出现了管理错位的现象。制造一部的经理非常注重班长、工段长管理能力的提升，培养他们独立工作的能力，该是工段长、班长做的工作，经理绝不会直接插手管理。久而久之，制造一部就形成了良好的管理习惯和工作习惯，员工对班长、工段长安排的工作都会无条件服从，整体团队意识和团队合作精神都非常强。而制造二部经理经常批评班长、工段长又笨又懒，工作能力差，好多工作落实不下去，只好自己亲自去安排。长此以往，班长、工段长养成了依赖心理，乐得让经理直接安排工作。如果安排工作做好了，自己脸上也有光，做不好的话说明领导安排得有问题，不能怪自己，自己没有责任。

点评：以上案例是很多企业典型的管理者“错位”现象，管理层的“错位”，势必给管理工作带来危害：领导者在具体事务性工作上投入的精力多了，思考大事抓全局的时间就少了，结果是顾此失彼、得不偿失。另外领导“越位”过多，干预过细，容易挫伤基层管理者和员工的工作积极性，助长其依赖思想，致使他们事业心、责任感减弱，满足于当“撞钟和尚”。久而久之，就会造成能力弱、成长缓慢。以下是企业管理者常见的七种管理错位现象：

1. 向上错位

没有经营好自己的“一亩三分地”，过多考虑一些本属于高层决策的事情。作为一名普通管理者应知道一个原则，就是“位置决定观点”，在其位谋其政。对超出职权范围的事务，不能随便议论，该沉默时就要沉默。假如对工作有想法和建议，也应通过正常的渠道反馈。

2. 民意代表

当推行新制度后公司与员工的意见和想法不一致时，代表自己部门的群众意见，与上司交涉。虽然很多时候，出发点是好的，关心下属，反映来自基层的呼声，但由于没有正确认识自己的角色，结果没有履行好自己的职责。部门领导作为上司的代表，对于来自员工的反馈，不应该仅充当“传话筒”，反馈前应站在公司的立场，代表公司向下属予以解释和说明。

3. 痴迷专业

很多管理者都在某一领域具备较强的专业能力，比如营销、财务、生产、项目管理、人资管理等。到了管理岗位，还是把自己定位在以前的专业，习惯做自己喜欢做的事，而不是必须做的事。要试着把自己喜欢做、擅长的事交给下属做，这样既可以培养、锻炼下属又可以腾出时间思考真正应该思考的事。

4.“自由人”

无论在什么场合，想议论谁就议论谁，口无遮拦，随心所欲。管理者是职务代言人，一言一行，一举一动，都是职务行为，不能把自己等同于一个排球场上的“自由人”。

5. 事必躬亲

习惯于自己做事，不习惯或少有意识安排别人去做。这样做只有一个结果：自身疲于奔命，下属闲置，整体效率低下。

6.“老好人”

作为一个管理人员，最重要的一点就是能够坚持原则。当发生冲突时需坚守原则，不能以牺牲原则为代价，换取所谓的“一团和气”。

7. 官僚主义

管理者是管理事务的“管”，而非“官”；是老板的代言人，更是员工的合作伙伴，而非自视“高人一等”。

管理者应该经常反思自己是否存在以上七种管理错位现象。

三、管理者如何处理员工与公司之间的矛盾

中层管理者在工作中重点扮演三种角色：对上级的执行者、对下属的管理者、对同事的协作者。作为中层管理者，由于在工作中承上启下，经常会遇到一个难题：当公司要求和员工要求出现矛盾时，管理者应该站在怎样的立场?

【案例】

某汽车模具制造公司的内部制度要求在生产现场和公司公共区域禁止吸烟，违者罚款500元。这条制度在白天执行得还可以，到了晚上，那些上夜班的员工就会找各种借口：比如为了不打瞌睡、为了提神，就会存在违反

制度吸烟的情况。公司明确禁止吸烟，员工又想吸烟，这个时候公司的要求就和员工的需求出现了矛盾。如果你是这个公司的管理者，在巡检过程中发现了员工吸烟，你会怎么处理？

点评：类似以上公司的要求和员工的需求出现矛盾的情况还很多，比如公司要求推行 5S[1]，员工多一事不如少一事，敷衍应付；公司要求必须劳保穿戴到位再上岗，员工嫌麻烦不想穿戴；公司要求必须严格按作业卡作业，员工偷懒不按规定操作。面对这些矛盾情况，管理者到底应该站在怎样的立场来处理？有观点认为，中国文化崇尚中庸，所以管理者既要站在公司的立场，也要站在员工的立场。这句话看似没问题，但在实际情况中，是没办法操作的。如果站在公司立场就只能抓或者是罚，如果站在员工立场当然是希望你不要去管他，所以这里不存在中间立场。其实这个问题相信很多管理者心中已经有了答案，就是按公司的制度处罚 500 元。也就是说当公司的要求和员工的需求发生矛盾的时候，管理者首先应该站在公司的立场。答案很明显，但为什么是这样的答案，这才是重点。

为什么当公司的要求和员工的需求发生冲突时，管理者要坚定不移地站在公司立场？总结一下，有以下三大理由：

首先，管理者的职位本质是公司治理结构中的“代理人”角色。当企业规模扩大时，创始人或上级管理者因资源有限（时间、精力、专业能力），需通过授权机制将部分管理权委托给下属。这种授权关系具有明确的契约属性。例如，一个刚成立的公司，第一个管理者是谁？很明显是这个公司的老板。如果这个公司只有 3 个员工，还需要其他管理者吗？不需要，因为老板一个人就管得过来。公司成立初期架构如图 1.3 所示。

图 1.3　公司成立初期架构

假设随着公司的发展，公司有了十多个人，老板一个人管不过来了，于是把自己老婆叫过来帮忙，负责管账，做财务总监。这时候公司就有了

[1] 5S 起源于日本，是指在生产现场中对人员、机器、材料、方法、环境等生产要素进行有效的管理，5S 即整理 (seiri)、整顿 (seiton)、清扫 (seiso)、清洁 (seiketsu)、素养 (shitsuke)，又被称为“五常法则”或“五常法”，随着世界经济的发展，5S 已经成为工厂管理的一股新潮流。

两个管理者，俗称“夫妻店”。

随着公司继续发展壮大，老板发现两个人根本管不过来了，于是老板把公司划分为不同的部门，每个部门找一些管理者来替老板行使管理的职权。公司成立中期架构如图 1.4 所示。

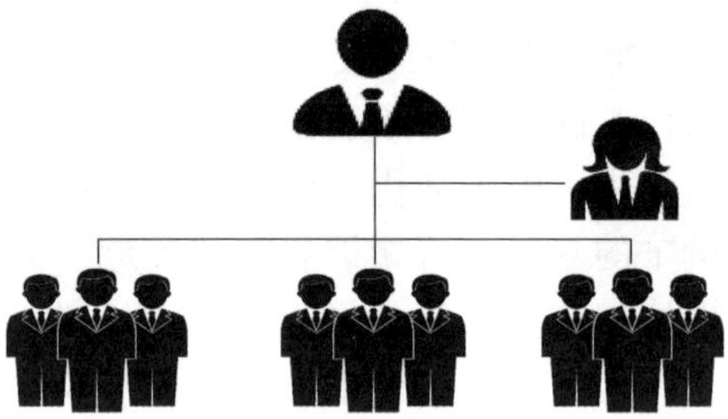

图 1.4　公司成立中期架构

然后随着每个部门越来越壮大，每个部门负责人一个人管理一个部门都很吃力了。因此，他们又会找一些其他管理者，比如主管，代替他行使部分管理职权，这样才有了如今我们众多不同的管理职位。公司成立后期架构如图 1.5 所示。

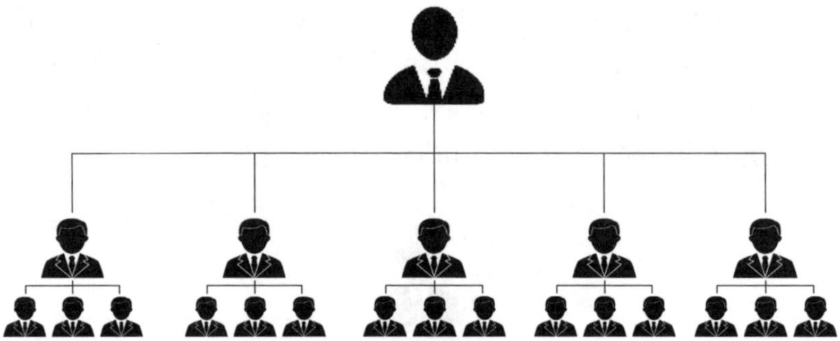

图 1.5　公司成立后期架构

通过以上分析可以看出，管理者的职权直接来源于公司章程、组织架构或上级任命文件，其合法性建立在对委托方（公司 / 上级）履行忠诚义务的基础上。而且，代理理论指出，代理人需在授权范围内最大化委托方利益。若管理者将个人或员工利益置于公司目标之上，即构成“越权”或“利益冲突”，可能触发法律或合同层面的追责。这也是委托代理关系的必然要求。

其次，需要明确公司要求和员工诉求，到底谁对的可能性大。

【案例】

一家企业引进了一条新的铝箔生产线。投产的初期，生产现场各种问题层出不穷，管理者们忙得焦头烂额。就在这时，公司宣布：在车间推行5S管理。这项任务要求刚一提出就遭到了大家的一致反对。大家认为，目前不是推进5S的好时机。现在生产不稳定，各种质量、安全、交期、成本问题层出不穷，确实没有精力推行5S。但是公司坚决推行。生产现场“人、机、料、法、环”各种要素，“人”是最核心的要素。管理者和员工素质素养不高，是导致各种质量、安全、成本问题发生的根本原因，而5S的最终目的就是提升员工的素养。员工的整体素养提升了，现场的很多其他问题也会得到解决。最后，公司要求不管大家对5S理解到了什么程度，都必须按任务要求执行。

后来这家公司在铝箔生产领域做到了全国第一，其现场5S管理也成了行业标杆，现在进入生产车间都要穿鞋套，与之前已不可同日而语了。

点评：从这个案例我们了解到，公司的决策往往具有前瞻性，站的高度更高、水平能力更强、经验更丰富。从长远的角度来看，决策正确的可能性更大。因此，很多时候对于公司的一些决策，一线员工不理解很正常，因为大家眼光、能力不在一个层次上。所以当公司要求和员工要求出现矛盾时，管理者当然要站在公司立场，因为管理者要站在公司的立场。这就是第二个理由：公司的决策，站得更高，看得更远，对的可能性就更大。

最后，再来比较一下公司要求和员工诉求往往都是代表谁的利益。公司要求毫无疑问更多代表的是公司利益，或者说公司大多数人的整体利益。员工诉求常聚焦个人短期利益（如薪酬、福利），而公司目标需平衡长期战略（如研发投入、市场拓展）。例如：公司禁止吸烟，目的是保护公司和全体员工的生命财产安全和身体健康；而员工想吸烟，只是为了满足个人的需求。因此，当公司要求和员工诉求出现矛盾时，管理者当然要从企业整体利益出发。这就是第三个理由：公司的决策，更多代表公司整体利益；而员工诉求，更多代表个人利益。

综合以上三个理由，当公司要求和员工诉求发生矛盾时，各级管理者必须坚定地站在公司立场。当然很多人可能会有疑问，要求管理者站在公司立场是不是说管理者和员工变成了一种敌对的对立关系？当然不是。首先，我们这里有一个前提是当公司要求和员工诉求出现矛盾时，才要求管理者站在公司立场。例如公司要求推行5S，员工反对，那你作为管理者当然应该坚定地去推行而不是敷衍应付，这个叫立场。明确了立场，坚定推行后，第二个问题实际上是如何推行的问题。如果管理者和员工是一种敌对的关系，或者员工始终反对，那这个决策是不可能推行到位的。因此管理者的责任，是应该通过深入沟通，让员工从不支持变成慢慢接受，对不理解的员工，通过思想引导使其理解，对不会操作的员工，通过培训指导让其掌握技能等，最终把公司的决策推行到位。这样就使得员工、管理者和公司都站在了共同的立场上。

四、管理者三大管理问题

（一）管理者三大管理问题剖析

管理者在日常管理中，常常会遇到三大管理问题：不愿管、不敢管、不会管。

例如，很多管理者对职责内明确规定的事愿意管，但职责界定没那么清楚或中间地带的事就不愿意管。又如，经常在培训课堂上听到很多管理者说，看到下面的员工工作很累很辛苦，这时候如果他们犯了错就觉得于心不忍，因此不愿意去管他，这属于“不愿管”的问题。

还有“不敢管”的问题。例如，很多刚刚上任的年轻管理者，面对团队内部资历深的员工，在管理上没有自信，不敢放开手脚去管理；还有的管理者怕得罪人，怕别人对自己有意见，怕别人的打击报复等，这些都属于不敢管的问题。

最后是“不会管”的问题。例如，很多年龄偏大的管理者经常讲：“不知道现在的年轻人怎么想的？”这里面本质的问题就是经常讲的“代沟”问题——不了解年轻员工的内心、不会和年轻员工沟通、没有很好的方法去调动年轻员工的工作激情和状态等。还有的管理者在管理上就只有一种手段——批评处罚，典型的“以罚代管”，这也属于典型的“不会管”。

通过以上对管理者三大问题“不愿管、不敢管、不会管”的分析，其中“不愿管”和“不敢管”属于管理者的观念问题，而“不会管”则是方法问题。

（二）管理中的观念问题——不愿管、不敢管

首先来看观念问题，管理者很多时候是因为错误的观念导致“不愿管”和“不敢管”。例如，前面讲到了很多管理者的一个观念“于心不忍”，觉得员工工作很累很辛苦，员工违章操作了按制度去处理员工会觉得于心不忍，那这个“于心不忍”的观念有问题吗？

【案例】

某企业模具生产车间，发生了一起安全事故。一个操作工误操作导致手指被切断，这是一起非常严重的安全事故。事后调查发现，是该员工在进行这项操作时习惯性违章导致发生事故。不只这个员工违章，经调查该车间其他很多员工在这项操作上也都有违章行为。而在日常工作中，班长和车间主任对于这样的习惯性违章经常睁一只眼闭一只眼，觉得员工很辛苦，不忍心按制度去处理，导致员工养成了违章的习惯。此次事故导致员工终身残疾、员工的上级被降职降薪处理，给公司造成了各种损失和不好的影响。

点评：首先分析事故为什么会发生。在安全工程和管理领域有一个非常著名且基础的理论——海因里希法则。海因里希法则，也被称为“300∶29∶1法则”或“事故金字塔法则”，是由美国安全工程师赫伯特·威廉·海因里希在20世纪30年代提出的。它通过对大量工业事故的统计分析，揭示了导致严重事故的各类事件之间存在一个可量化的比例关系。

该法则认为，在每一个导致重伤或死亡的重大事故背后，必然有29起轻微的伤害事故，300起未产生伤害的虚惊事件或不安全行为。

法则的核心思想是，要防止那1起重大的死亡事故，最有效、最经济的方法不是只盯着重大事故本身，而是去主动发现并消除那300起虚惊事件和29起轻微事故。海因里希法则用一个简单直观的模型告诉我们：“重大的安全事故是罕见的、偶然的，但其背后隐藏的大量隐患和不安全因素是普遍的、必然的。”

它的最大贡献在于为安全管理提供了方向：积极管理轻微事故和虚惊事件，是预防重大灾难性事故最有效的途径。至今，它仍然是企业安全管理和安全教育中最常被引用的经典理论之一。

根据海因里希法则，明确管安全实际上的关键就是管违章。员工为什么会违章？通过酒驾的案例来分析，交通事故绝大多数都是由驾驶员违章引起；而其中“酒驾”又是最典型违章行为之一，酒驾是出于什么心理呢？可进一步通过图1.6学习、理解。

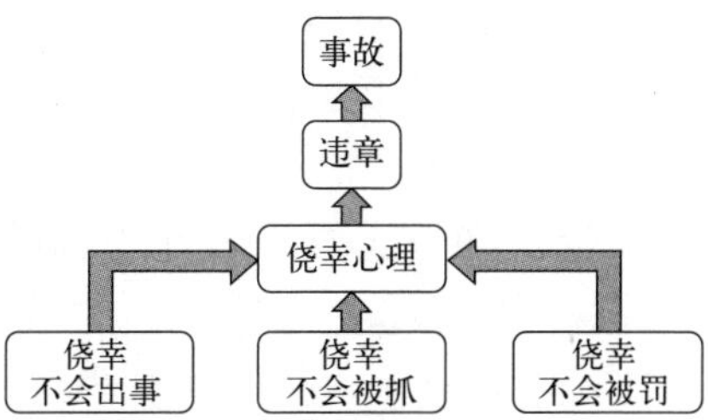

图1.6　酒驾事故模型图

司机之所以敢酒驾，就是侥幸心理导致的。侥幸心理又分为三个层面：第一，假设司机知道今天酒驾会出事故（比如撞到别人），他一定不敢酒驾。酒驾司机心里一定是这样想的："我酒量好、开车经验丰富，喝这么一点酒肯定没什么问题"，这就是侥幸不会出事的心理。第二，假设司机一出门看到路上有很多交警，他一定不敢酒驾；等交警下班后，他又敢了，这就是侥幸不会被抓的心理。第三，有的人的想法是即使被交警抓了也不怕，觉得自己有所谓的"关系"，他可以靠"关系"摆平，这是侥幸不会被罚的心理。侥幸不会出事，是人自己内心人性的弱点——贪婪、懒惰、投机取巧；而侥幸不会被抓和侥幸不会被罚的心理，很多时候是管理者长期放纵的结果。管理者长期放纵，导致下属员工产生侥幸不会被抓和侥幸不会被罚的心理。所以，导致人产生侥幸心理的就是两个方面的原因：人性的弱点和管理者放纵的结果，那谁起决定性作用呢？

如今酒驾司机为什么越来越少了？是由于司机的侥幸心理发生了变化。三个侥幸心理中，侥幸不会出事的心理很难改变，因为这是人的本性。改变的是侥幸不会被抓和侥幸不会被罚的心理，为什么？是因为法律制度上对酒驾的惩罚更严，过去抓到扣几分罚点钱，现在醉驾严重的还要坐牢。过去交警查酒驾较少，现在定期、不定期开展各种查酒驾行动，甚至深夜还有查酒驾的。所以很多喝了酒的人就再也不敢存在侥幸不会被抓和侥幸不会被罚的心理了，这才是现在酒驾大大减少的根本原因。

通过上述分析，得出一个结论：员工之所以会违章，根源是管理者不愿管、不敢管的放纵导致的。管理者的放纵，导致员工产生了侥幸不会被抓和侥幸不会被罚的心理，进而养成了习惯性违章的习惯。根据海因里希法则，习惯性违章最后一定会导致事故的发生。因此，管理者的放纵，才是事故发生背后的根源。

回到前文那个手指被切掉的事故案例：如果那个班长和车间主任在员工刚开始违章操作时指出问题，并按照公司的制度进行处理，员工必然就不会养成长期持续违章的习惯，这位员工的手指就不会被切掉变成终身残疾，而管理者自身也不会被降职降薪，公司也不会因此遭受损失。管理者于心不忍的"好人"心理，最终导致了事故的发生。所以管理者放纵下属不是"好人"，反而是害人、害己、害公司。

通过上面的事故模型分析知道了管理者对下属的"放纵"——不愿管、不敢管是事故背后的根源。那管理者为什么会"放纵"下属呢？是因为管理者脑袋里存在很多错误的观念，这些观念最终深刻影响了管理者的管理方式。要想改变"不愿管、不敢管"的行为，必须从改变观念入手。

表 1.2 罗列了管理者常见的四种管理上的错误观念，并对其一一进行分析。

表 1.2 管理者不愿管、不敢管的错误观念对照表

错误观念	正确观念
我管他会得罪他	1. 他违规是他先“得罪”了公司，“得罪”了我 2. 我不管他，是害人害己害公司
我管他，他会记恨我	今后他会感激我
员工很辛苦、收入不高，不忍心惩罚他们	我罚他，是为了避免他今后犯更大的错误、受更重的惩罚
管严了会有人走	1. 有人离开，正是过去没有严格管理，大家不习惯，习惯了就会形成风气，大家共同成长 2. 人员流动是正常的，核心是留住优秀的人

1. 有的管理者不愿管、不敢管，是因为怕得罪人

员工违反公司的规章制度，损害的是公司利益、“得罪”的是公司。而管理者是公司的代言人，“得罪”公司也就是“得罪”了管理者。因此，管理者管理员工不是“得罪”员工，而是员工先“得罪”了公司，“得罪”了管理者。另外，从本质上来讲，员工犯错了，管理者去管他，并不是“得罪”他。就像每个父母亲都知道溺爱、放纵小孩是不对的，知道小孩犯错了要严格管教，知道在严格管教小孩的时候，小孩即使有情绪也不能“心慈手软”。因为“心慈手软”可能会使他养成坏习惯，害他一辈子——这是做父母的责任。其实大多数管理者是知道“严是爱、松是害”这个道理的，也知道对下属严格管理并不是“得罪”他，反而是真正的帮他；放纵他才是真正的“得罪”他，才是真正的害人、害己、害公司。

2. 没有人喜欢被批评教育

任何人被批评、被责罚的时候有一些情绪都是正常的。但作为管理者眼光要长远。俗话说“严师出高徒”。如果员工在你的严格管理下，成长了、进步了、升职了、加薪了，员工一定会感激你一辈子。如果员工因为你的放纵，没有成长，没有进步，甚至养成了违章违纪的习惯，被领导批评了，被公司考核了，甚至有的人因为事故付出惨痛的代价，那员工本人乃至员工家人才会真正恨你一辈子。

3. 有很多管理者不愿管是因为于心不忍

管理者可以对于员工工作辛苦于心不忍、员工长时间加班于心不忍、员工家庭条件不好于心不忍。但就像前文案例中员工因为违章，手指被设备切断的事故，如果员工第一次违章就被管理者查处了，然后按公司规定

罚款200元，那这个员工就不会养成长期习惯性违章的习惯，也就不会出现后面手指被切断这样的惨痛后果。因此，当管理者于心不忍的时候，管理者应该这样转变观念——“我今天按制度给他处罚，是为了避免他今后犯更大的错误、受到更重的惩罚，我是在拯救他”。

4. 还有的管理者考虑的是怕对下属管严了，下属辞职不干了

从松散管理过渡到严格管理，员工会有一个适应的过程，过程中有一些牢骚很正常。另外，也要正确地看待离职率的问题。一家企业有一定的离职率是很正常的，即便像华为、阿里巴巴这样优秀的企业，离职率也不低。企业和管理者关注的焦点，应该是寻找志同道合的人，让优秀的员工留下来。假设有个别员工因为管理者对他的高标准、严要求离开了，管理者也不用纠结，因为不能保证每个人想法一致。有时候一个团队不好管理，往往不是所有人的问题，很可能是有一两个“害群之马”。“一颗老鼠屎坏了一锅粥”，这样的“害群之马”走了，团队反而更好管理，优秀的人才反而更有发挥的空间。

通过以上观念的剖析，知道“老好人”做不了管理者。古人说“慈不掌兵、义不养财”，管理上不能前怕狼后怕虎。谁都喜欢做“好人”，然而“好人”并不好做，原则不坚定就成了“老好人”。那么，何为“老好人”？就是放弃原则、放弃制度，既怕得罪他人，又怕伤了和气；奉行“多栽花、少栽刺”的信条，违心说话、违规办事，感情用事、看人办事，该批评的不批评，该制止的不制止，该表态的不表态；热衷做“你好我好大家好”的和事佬，结果是好了自己却损害了企业。那么，管理者应该怎么做？

如齐国孙武练兵，令行禁止、军令如山，是军队强大的根本。一个没有严明军纪的军队，难以统一军令，难以众志成城。同样，一个没有制度并执行到底的企业，必然人心涣散，各种问题层出不穷，企业会失去竞争力。因此，制度管理是最好的管理方式，也是最人性化的管理方式。因为制度是通过约束并惩罚少部分不遵守制度的人，来保护公司和大多数遵守制度人的利益。今天中国很多企业存在的最大问题，并不是企业没有制度，而是有了制度后，管理者没有将这些制度坚决落实到位。以上错位的观念正是我们有制度不执行的根源，所以每个管理者都需要进行深刻的反思。

自我反思：

① 我在管理过程中有哪些不愿管、不敢管的现象？

② 我为什么不愿管、不敢管？

③ 今后的工作中我应该如何改进？

（三）管理中的方法问题——不会管

不会管是管理者面临的又一重要问题。如前文所述，很多年龄偏大的管理者常常感叹“不知现在的年轻人怎么想的”，这反映出存在的“代沟”问题，即不了解年轻员工内心、不善于与他们沟通，缺乏有效调动其工作激情和状态的方法。还有些管理者在管理中仅依赖批评处罚这一种手段，典型的以罚代管，这同样属于不会管的范畴。不会管不仅影响员工的工作积极性和团队氛围，还可能导致管理效率低下，无法实现组织的目标。因此，管理者需要学习和掌握科学的管理方法，提升自身的管理能力，以应对这一挑战。具体而言，管理者可以从以下几个方面入手改进。首先，加强对员工心理和行为特点的研究，深入了解不同年龄段、不同性格员工的需求和动机，以便更好地与他们沟通和激励他们。例如，年轻员工可能更注重个人发展和工作成就感，管理者可以为他们提供更多的晋升机会和培训资源，满足其成长需求。其次，丰富管理手段，摒弃单一的以罚代管模式。除了合理运用批评处罚外，还应注重正面激励，如表扬、奖励、认可等，激发员工的工作热情和创造力。同时，建立良好的沟通机制，鼓励员工表达意见和想法，及时解决他们在工作中遇到的问题，增强员工的归属感和忠诚度。此外，管理者自身也要不断学习和更新管理知识，关注行业动态和管理前沿理念，结合组织实际情况，灵活运用各种管理方法，提高管理效果。只有这样，管理者才能有效解决不会管的问题，提升管理水平，推动组织的持续发展。

第四节
管理者的思维转变

从员工到管理者，很多人往往看到的是职位的变化、工作内容的变化，而忽略了这两个角色在思维方式上的本质差异。员工思维和管理者思维是两种截然不同的思维方式。

一、思维与改变

（一）习惯如何形成

什么是习惯：习惯是知识、技能与意愿的融合。知识是“做什么”及“为何去做”，技能是“如何去做”，而意愿则是“想要去做”。要养成习惯，必须具备以上三点（图 1.7）。

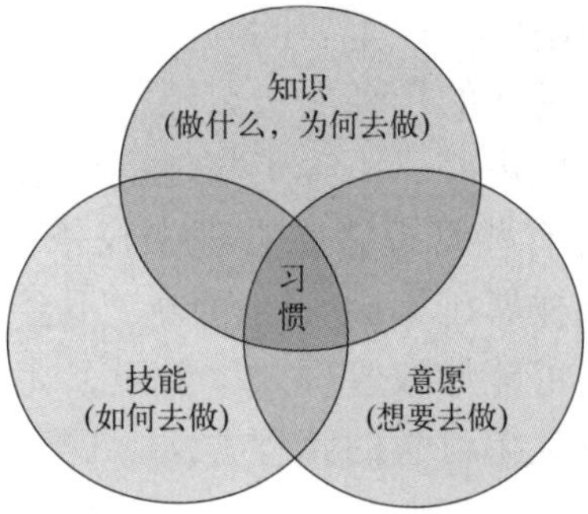

图 1.7　习惯组成要素图

如果想养成锻炼身体的习惯，首先是要有意愿。比如最近做了体检，有一些指标存在异常，就会意识到需要锻炼身体了，这就是意愿。有了意愿之后，那就要学习关于锻炼身体的知识，结合自身的情况，用什么样的方法锻炼最科学，是做有氧运动，还是做无氧运动，锻炼过程中要注意些什么等。最后就是技能，比如跑步应该怎么跑、游泳应该怎么游等。技能学会之后，在意愿的驱动下不断地去实践，最后形成习惯。

（二）思维决定行为

影响习惯形成的核心要素中，意愿居于首位。以锻炼习惯为例，多数人未能坚持并非源于知识或技能缺陷，而是意愿不足——短期内未见显著成效便轻易放弃。戒烟亦是如此，尽管人们深知吸烟危害及戒烟方法，但意愿薄弱往往导致失败。因此，改变旧习惯、建立新习惯，关键在于激发内在意愿，唯有意愿足够强烈，行为才可能发生根本转变。这便是思维习惯决定行为习惯的深层逻辑。

思维是个体认知、理解及诠释世界的独特方式。同一客观事实，因认知差异，不同人会产生截然不同的解读。

下面以某科技公司产品创新失败中的管理思维差异阐述思维模式对行为模式的影响。

【案例】

某国际科技公司曾面临新产品线开发困境：市场团队推出智能穿戴设备，初期因功能新颖获得关注，但半年后用户留存率骤降。表面看，问题源于产品体验不佳，但深层次分析揭示了两种管理思维的冲突：

① 推卸责任型思维（市场团队主导）　当用户反馈设备续航时间短时，团队归咎于电池供应商技术局限，未深入分析自身功耗优化不足。当用户抱怨操作复杂时，团队指责用户教育缺失，而非反思界面设计缺陷。最终，项目被定性为“外部环境导致失败”，团队转而投入新项目，未吸取教训。

② 承担责任型思维（研发团队主导）　研发团队在复盘时，主动承认设计未充分考虑用户场景，导致功能冗余。通过用户行为数据分析，发现核心功能使用率不足20%，团队重新定义产品定位，聚焦高频需求。推出迭代版本后，用户满意度提升35%，项目扭亏为盈。

点评：此案例揭示了思维模式对组织行为的决定性影响。推卸责任型思维导致组织陷入“问题外化”陷阱，阻碍持续改进；而承担责任型思维则激发内生动力，推动问题解决与创新。管理者若想改变团队行为，首要任务是重塑思维方式——从“归因于外”转向“归因于内”，培养“问题即机会”的认知框架。正如管理大师彼得·德鲁克所言：“管理者的首要任务，是定义问题而非解决问题。”唯有思维升级，行为方能突破惯性，实现组织效能的跃迁。

（三）管理思维和员工思维的区别

【案例】

彼得·德鲁克在《管理者的实践》中引用了一个流传已久的管理故事：有一个人某天沿着乡间小路散步，突然，他看到一大群人正在盖一栋类似教堂的建筑物。他感到十分好奇，于是问其中一个人他们正在做什么。

这人回答：“我正在整修这些石头，赚点钱养家糊口。”

过了几分钟，这人走到第二个人的旁边，提出相同的问题。第二个人好像也正在做着同样的工作，他却点了点头，并回答说：“我正在做全国最好的琢石工作。”说完后，立刻把注意力又集中在切削石头上，并且不断试验它们是否可以平稳地放在另一个石头上。

没多久，这个人又走到第三个人的旁边，第三个人仍然和前两人做着一样的工作。这人十分好奇地问他同样的问题：“你正在做什么啊？”

第三个人立刻站起来，骄傲地说：“我正在建一座大教堂！”

点评：彼得·德鲁克所引的教堂建造故事，生动揭示了管理思维与员工思维的深层差异。员工思维聚焦于工具性价值，将工作视为谋生手段（如“整修石头赚取薪资”），或追求个体技能的精进（如“做全国最好的琢石工作”），其认知边界局限于任务本身。管理思维则强调目的性价值，将工作嵌入组织使命的宏大叙事中（如“建造大教堂”），通过赋予工作意义感激发内在动力，并引导资源向战略目标协同。

这一差异的本质在于认知维度：员工思维是“点状”的（关注当下任务），管理思维则是“网状”的（连接个体贡献与组织愿景）。正如德鲁克所言：“管理者的首要任务，是定义问题而非解决问题。”唯有管理者将教堂蓝图转化为每个石头的意义，组织才能从机械执行升华为价值创造。

前文提到，养成一个习惯，需要知识、技能和意愿的三合一。这个思路可以延伸到工作场所，员工的工作表现也需要这三者合一：工作表现＝知识 × 能力 × 意愿。

知识包括工作相关的知识和具体某项任务的背景、目标、标准等内容；技能是指员工具备相应的工作技能，最好是曾经拥有相关的经验；意愿是指员工的决心和信心。这三者缺一不可。

员工的工作表现达不到管理者的要求，可以从三个角度去寻找原因：是不是因为员工没有接触过类似的工作，不知道相应的信息？还是因为员工的技能不够？还是因为员工投入不够？或者兼而有之？而不是一味地指责员工。要想到是不是因为自己的管理不到位，从而导致问题的发生。这才是管理者思维。因此，要成为真正优秀的管理者，必须完成五大思维转变，可进一步通过图 1.8 学习、理解。

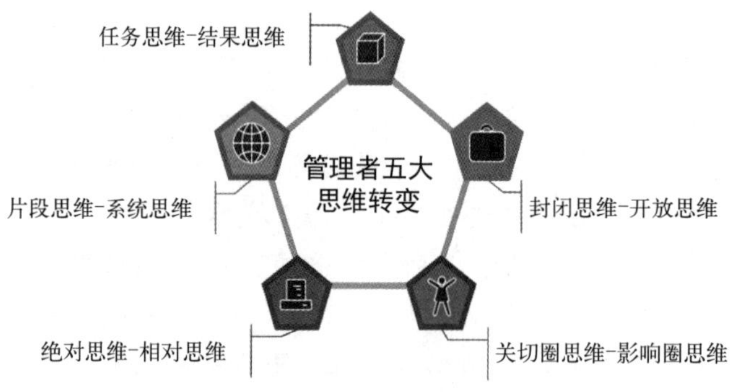

图 1.8　五大思维转变

二、从封闭思维到开放思维

【案例】

20 世纪 90 年代，柯达作为全球胶片巨头，占据摄影市场 65% 的份额。面对数码技术的崛起，柯达管理层陷入封闭思维：

① 技术路径依赖：坚信“胶片影像质量无可替代”，拒绝投入数码相机研发，即使其工程师早在1975年已发明首台数码相机原型。

② 市场认知固化：将数码技术视为“胶片业务的补充”，而非替代品，导致产品迭代滞后于市场需求。

③ 组织文化僵化：内部晋升机制偏重传统胶片业务高管，数码部门人才流失严重，创新生态持续恶化。

同期，日本富士胶片则展现出开放思维：

① 战略破局：主动将胶片技术积累转化为医疗影像、化妆品等跨界领域，构建“技术共生”生态。

② 组织重构：设立独立创新实验室，与硅谷科技公司建立联合研发机制，突破传统业务边界。

③ 文化转型：推行“失败宽容”政策，鼓励员工探索非胶片业务，如2010年推出的“Astalift”抗衰老护肤品，现已成为年营收超10亿日元的支柱业务。

结果是柯达于2012年申请破产保护，而富士胶片通过开放思维实现市值增长300%，成为传统企业转型的典范。

点评：此案例揭示了封闭思维与开放思维的终极分野。封闭思维表现为“路径依赖”（如柯达的胶片情结）、“认知固化”（如拒绝技术迭代）和“文化僵化”（如人才流失），最终导致组织在变革中窒息。开放思维则体现为“战略破局”（如富士的跨界转型）、“组织重构”（如独立创新实验室）和“文化转型”（如失败宽容政策），使组织在不确定性中获得新生。

管理者在工作中有哪些封闭思维的现象呢？可进一步通过表1.3学习、理解。

表1.3　封闭思维与开放思维

封闭思维	开放思维
不思进取、小富即安 （安于现状者）	工作、生活上有很多目标追求 （奋斗者）
自以为是、拒绝学习、 拒绝改变、拒绝新事物	承认差距、寻找不足、乐于学习
自我设限、低标准 （差不多）	勇于挑战有难度的任务、 坚持高标准
出了问题喜欢找借口、推卸责任 （受害者）	勇于担当、凡事找主观原因 （责任者）
抗拒沟通、排斥交流	主动沟通、乐于分享

封闭思维的管理者安于现状、不思进取、小富即安。这样的管理者在人生和事业上均无太大追求，得过且过。每天浑浑噩噩混日子，是职场典型的“安于现状者”。这种状态也会导致其管理的团队缺乏激情与活力。而开放思维的管理者因心中怀有远大目标，所以不断追求进步，持续挑战更高的目标，始终坚信“没有最好、只有更好”。这样的管理者不但严格要求自身，还会督促下属不断进步、挑战高目标，因而其带领的团队也始终处于积极进取的战斗状态。即使做到了通信设备世界顶尖水平，仍在喊着“华为随时有可能倒下”的任正非；即使进入世界500强了，还在喊着每天“战战兢兢、如履薄冰”的张瑞敏，他们皆是开放思维的典型代表。

封闭思维的管理者极其自以为是，经验主义思想严重。很多管理者在某个行业、某个领域工作多年，经验丰富，却沉浸于过去的成功经验中难以自拔，不愿接受新事物，不敢面对自身存在的问题，对新的变化无常加以抗拒，十分反感。封闭思维的管理者喜欢过去的工作方式，喜欢一成不变的工作方式，喜欢墨守成规的工作方式。他们害怕改变，抗拒学习。当公司推行新的管理举措时，他们必定是排斥的、反感的。而开放思维的管理者首先承认自身存在诸多不足，然后会通过学习不断修炼、提升自己。当有新变化时，开放思维的管理者反而会主动拥抱变革，积极推进变革。他们意识到“变则能通、通则能久”，过程改变方能实现结果改变。将“求知若渴、虚心若愚”当作座右铭的乔布斯，就是典型的开放思维的管理者。

封闭思维的管理者经常自我设限，一件事情连尝试都不愿就轻易放弃，很多人的口头禅就是“不可能、做不到、我不行”。当问题出现时，他们反反复复纠结的是“为何会出现这个问题”，却不愿花费时间和精力去探讨，究竟“如何解决问题”。而开放思维的管理者认为“一切皆有可能”。当问题出现时，他们思考的是“如何解决问题”“哪个方法最佳”。在他们的思维中，问题是能够解决的、目标是可以达成的。例如，面对数字化时代的机遇与挑战，故宫交出完美答卷。600多岁的故宫尚能如此，作为在与时代共舞的企业，又怎能无动于衷呢?

【案例】

与数字化拥抱，是为了让文化遗产的“基因”活起来，故宫充分地利用数字化新兴技术，致力于优秀传统文化的创造性转化和创新性发展。守正创新，使故宫成功地实现了IP的年轻化。难以想象，当古老的故宫和最酷炫的数字技术相遇，600年的紫禁城竟如此让人着迷。随着博物馆与互联网的接轨，官方微博、App、官方微信陆续上线。有着600年历史的紫禁城，华丽地一转身，于是有了今天人们喜闻乐见的文博界网红——故宫博物院。

目前，故宫博物院已经完成了90多万件馆藏文物的数字化处理，建立起庞大的“数字故宫”资源库，超10万件文物的高清影像已经向社会公布。故宫推出的“数字养心殿”展览，让游客们可以利用人工智能（AI）、虚拟现实（VR）技术在数字世界中体验养心殿的一天；“召见大臣”“批阅奏折”“鉴赏珍玩”“亲制御膳”等特色数字项目，更是能让人产生身临其境的感觉。

在“数字故宫”华丽转身的同时，故宫紧跟时代步伐敢于突破边界，探索跨界合作，为故宫增添时代“潮”元素：与某品牌合作的限量版故宫矿泉水，把故宫馆藏画作印在瓶子上，让一瓶水也能变得更有文化底蕴；和某品牌饼干搭建一座可以吃的故宫，美轮美奂又创意无限；与某品牌联名的国潮口红，汲取故宫中的设计元素，带来匠心满满的设计；与腾讯联合打造了“故宫，腾讯联合创新实验室”……未来，故宫将持续守正创新，以满足人民群众对美好文化生活的新期待、新需求，用好文旅新质生产力，持续提供更加全面、多元、个性化的数字文化资源共享服务。故宫践行了一个传统博物馆在数字化环境中如何传承与创新的智慧。

点评：通过以上故宫创新案例的学习，我们知晓因循守旧、墨守成规是管理的大敌，开放创新才是企业展现勃勃生机的根源。

反思：工作生活中，你更多的是“封闭思维”还是“开放思维”？

三、从绝对思维到相对思维

很多人思考问题的方式倾向于极端化——非黑即白，但实际上在黑色和白色之间还有一种颜色——灰色。非黑即白的思维方式属于典型的绝对思维，而“灰度”思维则属于相对思维。在华为，任正非大力倡导“灰度”管理。什么是灰度管理？任正非在制定公司未来战略时总结了两句话——方向大致正确，组织充满活力。“大致”这个词精准体现了任正非的“灰度”管理思维。华为的战略方向总体上是正确的，当然也会存在犯错的地方，不存在绝对的对与错。任正非把华为公司里一些“歪才”“怪才”比喻为“歪瓜裂枣”。任正非说：“公司要宽容歪瓜裂枣的奇思妙想——你怎么知道他就不是这个时代的梵高、这个时代的贝多芬？”所以灰度既不是黑，也不是白，而是黑白融合的混合体。灰度思维不是“非黑即白”的反向思维，也不是“白加黑”的并存思维，而是“白黑融合”的和合思维。

很多管理者做事“婆婆妈妈”、做决策“优柔寡断”，这是典型的绝对思维。在企业中存在大量相互矛盾和相互制衡的关系，如激励与约束、扩展与控制、集权与放权、内部与外部、继承与创新、经营与管理、短期利益与长期利益、团队合作与尊重个性等。这些矛盾关系构成了“黑白两端”，管理者需运用相对思维来处理——不走极端、不搞平衡，对内外部关系做出明智的决策。因此，决策本身就是相对思维，任何一个决策都有利有弊，管理者要用相对思维来权衡得失。

除了做决策，管理者在带团队上也经常陷入绝对思维。例如经常评价下属：“这是一个优秀员工”“这个员工不行”“这是一个好人”“这是一个坏人”等，这样评价有没有问题呢？

【案例】

萨提亚·纳德拉上任后，微软面临“创新停滞”的危机。传统绩效评估体系采用强制排名制度，导致员工竞争激烈但协作不足。纳德拉推行“成长型思维”评估模型，将“学习能力”和“协作贡献”纳入核心指标。一名技术迭代缓慢的工程师因跨部门协作能力突出被调至云服务部门，后成为Azure架构师。

点评：该案例表明多维评价突破单一绩效指标限制，关注员工潜能开发；动态管理则通过岗位适配激发员工隐藏优势，避免绝对化评判。此案例揭示了绝对思维的危害——用“非此即彼”的标准评判员工，会扼杀创新潜力；而相对思维则能释放组织活力。正如纳德拉所言：“管理者的任务不是寻找完美的人，而是让不完美的人变得更好。”

在企业中，许多管理者过去从事技术工作，从事技术工作和从事管理工作是两种不同的思维方式。从事技术工作多依赖绝对思维——可行就是可行，不可行就是不可行，存在绝对的标准。但从事管理工作需要相对思维——人没有绝对的好坏，事没有绝对的对错。所以技术出身的管理者务必要将技术上的绝对思维转变为管理上的相对思维。

反思：工作生活中，你更多的是“绝对思维”还是“相对思维”？

四、从片段思维到系统思维

【案例】

特斯拉在开发电动汽车时，面临电池回收的环保挑战。初期，特斯拉采用“片段思维”：将废旧电池视为废弃物，通过第三方公司处理。但这一方案存在成本高、资源浪费等问题。

系统思维的实践如下：

① 资源整合：特斯拉建立电池回收工厂，将废旧电池拆解为锂、钴、镍等金属，重新用于新电池生产。

② 技术协同：通过 AI 算法优化电池拆解流程，提高金属回收率至 95% 以上。

③ 生态构建：与矿业公司合作，形成“开采—生产—回收—再开采”的闭环供应链，降低对原生资源的依赖。

结果是特斯拉电池回收成本降低 40%，同时减少了对环境的影响；特斯拉也将“环保负担”转化为“竞争优势”，提升了品牌形象。

点评：此案例印证了系统思维的价值。片段思维仅关注“电池回收”这一孤立环节，而系统思维则揭示了“资源—技术—生态”的因果链。正如管理学家彼得·圣吉所言：“系统思考是见树又见林的智慧。”

管理者在现场看到一次违章，用片段思维来看，这次违章没有造成什么不好的后果，所以这次违章可以原谅。如果用系统思维来看，虽然这次违章没有造成不好的后果，但如果不管不罚就会让员工产生侥幸心理，会让员工养成长期违章操作的习惯，终究有一天会发生惨痛的事故，所以必须严格按制度管理。

管理者要做到系统思考要注意以下四点：

① 防止局部思考、注重整体思考；

② 防止静态思考、注重动态思考；

③ 防止表面思考、注重本质思考；

④ 防止短视思考、注重长远思考。

系统思考在解决管理问题方面对我们助力颇大。管理者常会发现，很多问题反复出现，即便制定了解决措施，问题仍无法解决，核心在于我们并未找到问题产生的根本原因。很多时候都是片段思维，头疼医头，脚疼医脚，思考过于浅显，而未注重问题的本质。比方说，管理者想解决员工离职的问题，光看表面是不行的，员工为何离职？究竟是什么缘由导致的？唯有把深层次的原因找出来，员工离职的问题才有可能得以解决。

那么，如何运用系统思维解决问题呢？下面为大家介绍一个“5Why 分析法”。

（一）什么是 5Why 分析法

■ 5Why 分析又称 5 问法，最初由丰田公司提出并在丰田公司广泛采用，因此也被称为“丰田 5 问法”。

■ 5Why 分析法由丰田公司的大野耐一首创，来源于一次新闻发布会：有人问“丰田公司的汽车质量怎么会这么好？”他回答说：“我碰到问题时，至少要问 5 个为什么。”

■ 大野耐一总是爱在车间走来走去，遇到问题便停下来向工人发问。他反复地就一个问题，问“为什么”，直到回答令他满意，被他问到的人也心里明白为止——这就是著名的“5Why 分析法”。

■ 5 问法的关键在于：鼓励解决问题的人要努力避开主观或自负的假设和逻辑陷阱，从结果着手，沿着因果关系链条顺藤摸瓜，穿透不同的抽象层面，直至找出原有问题的根本原因。

【案例】

有一次，大野耐一在生产线上发现机器总是停转，虽然修过多次，但仍不见好转。于是，大野耐一与工人进行了以下问答：

1 问：为什么机器停了？　答：因为超过了负荷，保险丝就断了。

2 问：为什么超负荷呢？　答：因为轴承的润滑不够。

3 问：为什么润滑不够？　答：因为润滑泵吸不上油来。

4 问：为什么吸不上油来？答：因为油泵轴磨损、松动了。

5 问：为什么磨损了呢？　答：因为没安装过滤器，混进了铁屑等杂质。

经过连续 5 次不停地问“为什么”，才找到了问题的真正原因和解决的方法——在油泵上安装过滤器。

大野耐一反复地就一个问题，问“为什么”，直到回答令他满意，被他问到的人也心中了然为止——这便是著名的“5Why 分析法”的起源。

5Why 分析法是一种从表象问题探寻根本原因的逆向推理分析法，也是一种典型的系统思维方法。享誉全球管理界的管理学大师亨利·明茨伯格曾如此表述：“连问 5 次为什么，并非什么奇妙法门，不过一再追问为什么就能深入系统，找到问题的根本原因，许多相关问题便迎刃而解。”也就是说，5Why 分析法将对问题原因的探索多层次化且有所侧重，通过不断提问为什么前一个事件会发生，直到回答“没有好的理由”、问题的根源归结为人的行为，或者直到一个新的故障模式被发现时才停止分析。5Why 分析法看似简单，实则背后是事物发生的严密因果链。尼采说过，世界上最危险的关系便是因果关系。可见因果关系的重要性，只有找到严密的因果逻辑链，才能真正解决问题。而 5Why 分析法正是寻找因果的绝佳工具。

5Why 并不是一定绝对要问“5 个为什么”，有的问题问 2 次就够了，有的可能需要问 10 次，目的是找到根本原因。根据大量的实践经验，问 5 次最容易清晰地辨别出根本原因，这也是将此方法定义为“5Why 分析法”的原因。

（二）5Why 问题解决方式

5Why 分析法起初是作为查找根本原因的工具出现的，后经发展演化和概念拓展，并不断地与其他工具进行相互融合，已经形成一个问题解决的方法论。分三个步骤：找对问题、分析问题、解决问题。5Why 分析法具体步骤，可进一步通过图 1.9 学习、理解。

图 1.9　5Why 分析法步骤

1. 第一步：找对问题

一个被正确且全面定义的问题，相当于已解决了一半的问题。因此，清楚、明了地定义已出现的问题，对 5Why 分析是十分重要的。

【案例】

1923 年，美国福特公司的一台大型电机出现了故障。为查清原因、排除故障，公司将电机工程师协会的专家们请来“会诊”，但一连数月，毫无所获。后来，他们请来移居美国的德国科学家斯坦敏茨。斯坦敏茨在电机旁搭了座帐篷住下来，忙碌了两天两夜。最后他在电机旁用粉笔画了一道线，吩咐道：“打开电机，把此处的线圈减少 16 匝，故障便可排除。”

工程师们依言照办，电机果然运转正常。斯坦敏茨向福特公司索要 1 万美金的酬金。有人说：“用粉笔画一条线值 1 万美金？简直是敲竹杠！”

斯坦敏茨微微一笑，随即在付款单上写下这样一句话：“用粉笔画一条线，1 美金；知道在哪里画线，9999 美金。”所以找对问题是解决问题的关键。

点评：要想找到问题，首先要识别问题。在事件发生的最初阶段，会掌握一些基础信息，但没有获得详细的具体事实。为了得到更深入的理解，需要去阐明问题、分解问题。

（1）识别问题

准确认识问题是解决问题的前提。失败的原因多半是因为尝试用正确的方法解决错误的问题。要真正识别问题，必须遵循“三现原则”：

① 现实：亲自了解真实情况并分析原因；

② 现场：亲自到达事件发生地；

③ 现物：亲自观察并接触实物。

在此基础上，需深入现场动手实践，对照事物呈现的真实状态与应有状态（基于技术理论），从而精准发现问题。

（2）阐明问题

准确地描述问题是解决问题的关键，阐明问题需要描述为：在哪里？发生了什么事情？

例如：在某企业第一车间西门走廊30米处，有一名工人摔倒后手部受伤。

（3）分解问题

有些问题可能比较大，需要把大问题分解成小问题。分解问题要符合“相互独立、完全穷尽”的法则。“相互独立”意味着问题的细分是在同一维度上明确区分，不可重叠的；“完全穷尽”则意味着全面，周密。所有部分完全穷尽，考虑问题全面，不能遗漏。考虑问题和分析问题时，只有做到不重叠、不遗漏，才能找到真正的问题。

2. 第二步：分析问题

分析过程虽是简单地连续问“为什么”，但分析中要把握两条思路：事件发生的原因和管理体系（制度、规范、流程）未起到预防作用的原因，也就是不仅要想着解决问题，还要想着预防问题再次发生。否则，在之后问“为什么”时，就可能偏离最初的出发点。

第一个“为什么”：识别和确认异常事件的直接原因。如果原因明显，验证它；如果原因不明显，就要先考虑潜在的原因和检查类事故，以事实为基础，确认直接原因。

问：问题为什么发生？我能观察到问题的直接原因吗？如果不能，我猜想潜在的原因是什么？我如何核实最可能的潜在原因？我怎么确认直接原因？

第二个“为什么”：对直接原因继续追问，建立一个通向根本原因的原因/效果关系链。

问：处理直接原因会防止再发生吗？如果不能，我能发现下一级原因吗？如果不能，我怀疑什么是下一级原因呢？我怎么才能核实和确认下一级原因呢？处理这一级原因会防止再发生吗？

第三个“为什么”：会发现一些潜在的根本原因开始浮出水面，此时仍要遵循正常的思维逻辑，不能急于得出结论。

第四个“为什么”：需要秉持客观的态度，摒弃一切先入为主的想法，对获得的分析方向（一般为1～2个）进行进一步探索。

第五个“为什么”：在绝大多数情况下，我们会得出一个体系性的原因；而在其他一些情况中，需要继续一个或数个“为什么”来找出根本原因。

总体来说，5Why 分析法中的前两个“为什么”，聚焦在事件发生的层面，后三个则需要我们对问题有更深层次的理解。由此可见，原因调查中，将“表面原因”向“潜在原因”过渡的第三个“为什么”，才是影响分析成败的关键因素。

例如，在车间里面有人摔倒了，使用 5Why 分析法进行分析，可进一步通过表 1.4 学习、理解。

表 1.4　5Why 分析法步骤（举例）

现象	Why1	Why2	Why3	Why4	Why5	对策
有人摔倒	人的问题	跑得太快 着急 没穿劳保鞋	NG			安全教育培训
	环境问题	地上湿滑	拖地水渍 通风不畅	NG		放指示牌 买烘干机
		灯光太暗	灯光不亮 灯泡坏了	NG		更换灯泡

在分析问题时，要注意以下几点：

（1）方向性

分析问题要朝着正确的方向拓展，方向不对则努力白费。例如，有人摔倒是因为着急赶工，着急赶工是因为公司业务繁忙，公司业务繁忙是因为公司订单太多，进而得出公司订单太多是有人摔倒的原因。最好没有订单，不来上班，就不会摔倒了。这种错误的推理和分析毫无意义。因此，问题的分析要朝着正确的、客观的方向推进。

调查原因时要重点分析可控的原因，避免将分析带入无止境的死胡同。从组织内部找原因，分析的焦点在事件本身，而不是集中在个人行为上，或对人心理层面的原因进行追溯——牵涉到人的心理层面，最后往往找不到解决问题的方案。

同时，尊重既成事实，秉持客观的态度，把“为什么”的矛头指向设备、管理制度等方面。在进行推论时要理性、客观，避免借口类的答案；同时还要避免围绕问题本身，杜绝责任推卸的情况发生。

【案例】

手机电池发生爆炸了

为什么会发生？　　　　因为制造部工艺管理不严格。

为什么管理不严格？　　因为管理人员不够，管不过来。
为什么管理人员不够？　　因为工资太低没人干。
为什么没人干？　　因为老板小气。

点评：这种找借口和推卸责任的分析方式，不可能让我们找到真正原因。一定要尊重现有的客观事实，对事不对人。千万不要发展成质问，去激怒别人，导致情绪对抗，这样都不利于解决问题。大家要敞开心扉，创造一个开放的交流环境，才能确保分析朝着正确的方向推进。

（2）及时性

及时对出现的事件或问题进行分析极为重要，即在发生事件的第一时间介入到问题的调查与解决当中。在实践操作中，往往很多问题由于间隔时间太久而找不到真正原因。如果管理者不及时分析问题，可能很多证据已经全部消失；在没有证据的状态下，很难找到真因。

（3）全面性

在分析问题时，要考虑周全，不能单维度思考。因为每个人都可能存在“盲人摸象”的局限，从自己的角度认知世界，每个人看到的都只是局部。因此，针对重大问题要成立问题解决小组，所有参与者在自由愉快、畅所欲言的气氛中，相互陈述、提问和追问、自由地交换想法。这样除了可以提供多方式、多专业、多角度的见解外，还可通过不断地交流沟通产生更多的想法，使分析更加深入全面。

例如：丰田公司在出现质量问题的时候会从三个层面去提问，来系统解决问题。为什么问题会发生（失效链 / 技术层面）？为什么问题没有被检测到（检验 / 试验 / 抽检）？为什么管理体系允许问题存在（过程 / 流程 / 职责 / 资源）？

制造型企业在分析问题时，也可以结合运用“人机料法环”模型进行分析：

人（man/manpower）：操作者对质量的认识、技术熟练程度、身体状况等；

机器（machine）：机器设备、工夹具的精度和维护保养状况等；

材料（material）：材料的成分、物理性能和化学性能等；

方法（method）：包括加工工艺、工装选择、操作规程等；

环境（environment）：工作场所的温度、湿度、照明和清洁条件等。

分析问题要从广度和深度两个维度去思考，才能保证分析的充分性。如果分析不充分的话，会导致根据原因做出的措施、对策，通常只能是对应现状、处理当前异常，无法彻底解决问题，防止再次发生。

（4）逻辑性

分析问题要符合逻辑，遵循演绎推理。因此，在分析问题的时候，一定要掌握专业的知识和原理。例如：工厂设备出现问题，一定要掌握设备的运行原理，根据原理和理论去推导问题产生的原因。每一个步骤都要符合严密的逻辑结构，不能跳跃。每个“为什么”的问题和答案之间，必须有必然的关系，不能牵强附会、生拉硬扯。5Why 分析法，可通过表 1.5 进一步学习、理解。

表 1.5　5Why 分析表

<table>
<tr><td>问题发生时间</td><td></td><td>调查组长</td><td></td><td>调查组员</td><td></td></tr>
<tr><td>问题描述</td><td colspan="5"></td></tr>
<tr><td rowspan="2">5Why 分析</td><td>Why1</td><td>Why2</td><td>Why3</td><td>Why4</td><td>Why5</td></tr>
<tr><td></td><td></td><td></td><td></td><td></td></tr>
<tr><td rowspan="2">问题原因</td><td>根本原因</td><td colspan="4"></td></tr>
<tr><td>其它原因</td><td colspan="4"></td></tr>
<tr><td rowspan="3">改善措施</td><td>措施</td><td>针对的原因</td><td>责任人</td><td>计划完成时间</td><td>实际完成时间</td></tr>
<tr><td></td><td></td><td></td><td></td><td></td></tr>
<tr><td></td><td></td><td></td><td></td><td></td></tr>
<tr><td>调查日期</td><td colspan="2"></td><td>报告完成日期</td><td colspan="2"></td></tr>
</table>

3. 第三步：解决问题

当 5Why 分析完成，即调查分析找到了防止重复问题出现的对策时，就需要采取明确的措施来解决问题。为跟踪改善措施的落实以及确认改善措施的实施效果，可制定详细的“改善对策的落实计划表”，涵盖负责人、最后完成期限、检查的量化指标等。针对执行情况，还要验证方案的有效性，以利于后期制定预防措施，并对分析的结果进行确认。

【案例】

杰弗逊纪念馆大厦墙壁受腐蚀

美国华盛顿广场的杰弗逊纪念馆大厦于 1943 年建成，之后因年久失修，表面斑驳陈旧。政府十分担心，派专家调查原因。

（1）为什么大厦表面斑驳陈旧？

最先认为的原因是酸雨，进一步实验发现酸雨的作用并非如此明显（不是根本原因）。后来专家发现，冲洗墙壁所用的清洁剂对大理石有腐蚀作用，且该大厦墙壁每年被冲洗的次数远远多于其他建筑，腐蚀自然更加严重。

（2）为什么经常清洗呢？

因为大厦被大量的燕粪弄得很脏。

（3）为什么会有那么多的燕粪呢？

因为燕子喜欢聚集到这里。

（4）为什么燕子喜欢聚集到这里？

因为建筑物上有它喜欢吃的蜘蛛。

（5）为什么会有蜘蛛？

蜘蛛爱在这里安巢，是因为墙上有大量它爱吃的飞虫。

（6）为什么墙上飞虫繁殖得这样快？

因为尘埃在从窗外射进来的强光作用下，形成了适宜飞虫生长的环境。

通过 5Why 分析法得出结论，解决方法就是拉上窗帘。

除了拉上窗帘，还可以使用没有腐蚀性的清洁剂、捕杀燕子、喷杀虫剂杀死蜘蛛和飞虫，都可视为有效的改进措施，但是强光是最根本的原因。拉上窗帘是最有效和最经济的改进措施之后，杰弗逊纪念馆大厦至今完好无损。

因此，措施有很多，只有找到解决根本原因的措施，才能彻底解决问题。

反思与讨论：

① 工作生活中，你更多的是“片段思维”还是“系统思维”？

② 使用 5Why 分析法剖析一个工作中存在的问题。

五、从任务思维到结果思维

“我已经做了我应该做的，这件事情结果如何与我没有关系。”碰到这样的回答，你该如何应对？解决办法是区分“任务”与“结果”，这是两种截然不同的思维方式。

某制造业企业曾陷入“任务思维”陷阱：员工严格按流程操作，工序完成率达 98%，但产品合格率仅 72%，客户投诉中 43% 源于流程合规却有质量缺陷。症结在于将“完成工序”等同于结果，忽视最终价值。企业推行三大变革：重构考核体系，取消工序完成率，建立“客户满意度 + 质量合格率”双维度考核，并实施结果追溯制；创新激励机制，设立“结果共享奖金池”，将成本节约的 30% 奖励改善团队；培育结果文化，通过沙盘模拟展示个体决策对全局的影响。6 个月内，产品合格率提升至 89%，客户复购率增长 17%，员工主动改进提案数量增加 3 倍，实现从“机械执行”到“有机生长”的蜕变。传统考核机制的局限性——过度关注流程合规性，却弱化了结果导向。企业通过“双维度考核”和“结果追溯制”，将员工注意力从“完成任务”转向“创造价值”，有效破解了“责任稀释”难题。

心理学研究表明，当人们认为自己的行为与结果相关时，责任感便会产生。相关度越大，责任感越大；相关度越小，责任感越小。比如，母亲为何对子女有那么强的责任感？原因在于，她将自己的行为与子女成长的结果高度关联。社会责任感亦是如此，一个对社会失望的人，其实并非真正对社会失望，而是他觉得自己的任何行为都不会对社会产生任何影响。

企业的本质是一个“为客户创造价值”的经济组织。员工为客户创造结果，企业才会有结果（盈利），员工也才会有收入。员工与客户价值之间，存在着“一对一”的因果关系，这是最为基本的逻辑。

这种逻辑关系意味着，工作的结果是“客户价值”。凡是不创造客户价值的行为，无论多么辛苦，都毫无意义。工作需要人们勤奋，但勤奋并非价值；客户不认可苦劳，只认可功劳。

这种结果思维，反过来也明确了一个基本的责任关系：那就是任何员工对于客户价值、对于结果，都有着 100% 的责任。

【案例】

九段秘书：你在第几段

某总经理要求秘书安排第二天上午 9 点开一个会。这是一个再简单不过的任务。但大多数人是怎么做的？通知所有参会人员，然后秘书自己也参加会议来做服务，这就算完了。

但我们想要的结果是什么呢？下面是一到九段秘书的不同做法：

① 一段秘书的做法——发通知：用电子邮件或在公告栏发布会议通知，然后准备相关会议用品，并参加会议。

② 二段秘书的做法——抓落实：发通知之后，再逐一打电话与参会的人确认，确保每个人都被及时通知到。

③ 三段秘书的做法——重检查：发通知，落实到人后，在会前 30 分钟提醒与会者参会，确认有没有变动。对临时有急事不能参加会议的人，立即汇报给总经理，确保总经理在会前知悉缺席情况，也给总经理判断“缺席的人是否必须参加会议”留下时间。

④ 四段秘书的做法——勤准备：发通知，落实到人；会前通知后，去测试会议可能用到的投影、电脑等工具是否工作正常，并在会议室门上贴上小条注明：“此会议室明天几点到几点有会议”。

⑤ 五级秘书的做法——细准备：发通知，落实到人；会前通知，也测试了设备；还先了解这个会议的性质是什么，总经理的议题是什么；然后给与会者发过去与这个议题相关的资料，供他们参考（领导通常都是很健忘的，否则就不会经常为过去一些决定了的事或者记不清的事争吵）。

⑥ 六段秘书的做法——做记录：发通知，落实到人；会前通知，测试了设备，也提供了相关会议资料；还在会议过程中详细做好会议记录（在得到允许的前提下，做一个录音备份）。

⑦ 七段秘书的做法——发记录：在六段秘书工作内容基础上，会后整理好会议记录（含录音转写）报总经理，然后请示是否发给参加会议的人员或者其他人员。

⑧ 八段秘书的做法——定责任：在七段秘书工作内容基础上，将会议上确定的各项任务，一对一地落实到相关责任人；经当事人确认后，形成书面备忘录，分送总经理与当事人各持一份；并定期跟踪各项任务的完成情况，及时汇报给总经理。

⑨ 九段秘书的做法——做流程：在八段秘书工作内容基础上，把上述过程做成标准化的会议流程，确保任何一个秘书都可以根据这个流程，把会议服务的结果做到九段；构建不依赖于任何能人的会议服务体系。

点评：从一段到九段秘书的工作方法中，我们看到的是什么？从一段到九段，正是任务思维向结果思维转变的过程。

那么，对于一段秘书您愿意付多少报酬？对于九段秘书您又愿意付多少呢？这便是结果思维的价值所在。

结果思维的核心在于创造价值。大多数管理者通常处于任务思维中。什么是任务思维？简单来讲，就是有件事我要去做，我便依照常规的方法去做了；事情能不能做成我并不知晓，但我会努力去完成。任务思维易使我们陷入由于未知的或突发的一些状况而致使我们的工作无法完成的尴尬处境。

做任何一个决定、出台一个政策、制定一项制度，包括招聘一个员工进入企业前，首先一定要问“我想得到什么结果？”“我能得到这个结果吗？”“得不到结果怎么办？”这就是结果思维。即事先设定想要的结果，再创造条件推进过程，最终得到结果。例如，绩效考核就是典型的结果思维应用，先设定要达成的目标，再将目标分解，接着分析达成目标需要哪些条件？已经具备了什么条件？还需要创造什么条件？在什么时间完成到什么程度？一切都围绕目标展开。因此，管理者必须具备结果思维。

反思：工作生活中，你更多的是“任务思维”还是“结果思维”？

六、从关切圈思维到影响圈思维

每个人在工作和生活中都会关注各类问题，诸如健康、子女、事业、经济状况或者世界局势等，所有这些关心的问题都可归入“关切圈”。在

“关切圈”中，有些问题是我们个人能够掌控的，有些则超出个人能力范围。把个人能够控制的事圈起来，就形成了“影响圈”（图 1.10）。

图 1.10　关切圈与影响圈

聚焦“影响圈”的人，脚踏实地，不眼高手低，将心力集中在自己力所能及的事情上，所取得的成就会使影响圈逐渐扩大；反之，消极被动的人全身心聚焦“关注圈”，时刻不忘环境的种种限制、他人的种种缺失，只为无法改变的状况而担忧，其结果是怨天尤人、畏首畏尾，受害者心态愈发强烈。由于着力方向的错误以及由此产生的副作用，影响圈便会缩小。主动积极影响圈与被动消极影响圈的差异，可进一步通过图 1.11、图 1.12 学习、理解。

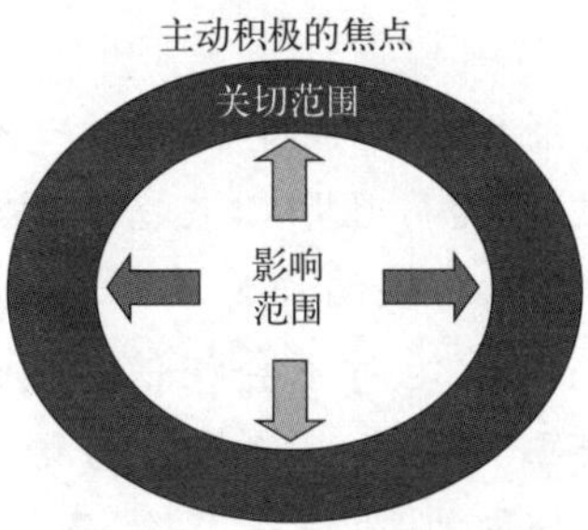

图 1.11　主动积极的影响圈

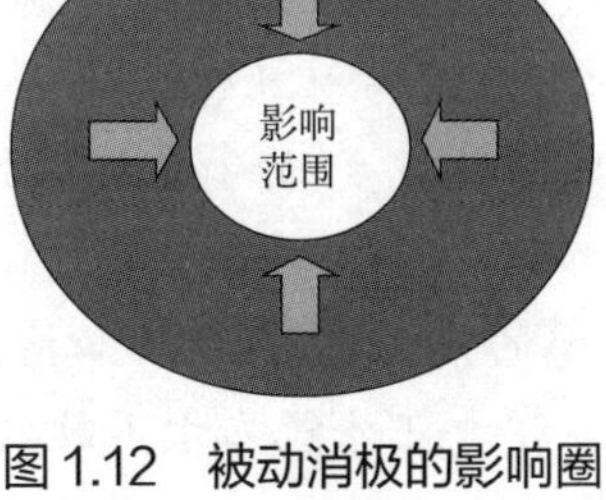

图 1.12　被动消极的影响圈

管理中的问题可分为三类：个人可直接控制（与自身行为相关）、个人可间接控制（与他人行为相关）、无法控制（已成定局或客观环境制约）。对于这三类问题，积极主动的人都是从影响圈着手解决问题。

一是可直接控制的问题：解决的办法在于改变自身习惯，这显然在影响圈的范围内。

二是可间接控制的问题：可通过改进施加影响的方法来解决（例如，采取共情的方式而非针锋相对，以身作则而非口头游说）。这类问题同样属于通过影响圈来解决。

三是无法控制的问题：我们的责任就是调整心态——以微笑、真诚平和的态度，接纳这些问题。即便有再多不满，也要学会泰然处之，如此才不至于让问题掌控我们。

不管一个问题是能直接控制还是无法控制，或是能间接控制；解决问题的第一步都应改变思维，改变影响途径，改变看问题的方式，而这些都在个人控制的影响圈之内。作为管理者应当不断扩大自己的影响圈。

【案例】

某公司的刘总经理精力充沛，且对行业趋势反应极为敏锐。他才华出众，精明强干，但管理风格却极其独裁。对下属总是呼来喝去，从不给他们独当一面的机会，所有人都只是奉命行事的小角色，连部门经理也不例外。

这种作风几乎让所有经理离心离德，大多一有机会便聚在一起大发牢骚。乍听之下，不但言之有理而且用心良苦，仿佛全心全意为公司着想，只可惜他们光说不做，以上司的缺陷作为不行动的借口。

例如，A部门经理说："你绝对不会相信。那天我把所有事情都安排妥当了，他却突然跑来指手画脚一番。就凭一句话，把我这几个月来的努力一笔抹杀，我真不知道该如何再做下去。"然而，B部门经理却不愿向环境妥协：他并非不了解顶头上司的缺点，但他的回应不是指责，而是设法弥补这些不足。上司趾高气扬，他就加以缓冲，减轻下属的压力；又设法配合上司的长处，把努力的重点放在力所能及的范围内。受差遣时，他总是尽量多做一步，设身处地体会上司的需要与心意。例如，奉命提供资料，他就附上资料分析，并根据分析结果提出具体建议。后来开会时，其他经理依然只接到各种指示；只有那位积极主动的经理，被刘总经理征询意见，他的影响圈因而扩大。

这在办公室引发了不小的震动，那些只知抱怨的人又找到了新的攻击目标。对他们而言，唯有推卸责任才能立于不败之地；因为承担责任，就得不惧失败；为了免于为自己的错误负责，有人干脆把责任推得干干净净。这种人以竭力挑剔别人的错误为能事，借此证明“错不在我”。

幸好B部门经理对同事的批评不以为意，仍以平和心态对待。久而久之，他对同事的影响力也增强了。后来，公司里任何重大决策都必经他的参与及认可，总经理也对他极为倚重，并未因他的表现而感到威胁。因为他们两人恰好能够取长补短，相辅相成，形成互补的效果。这位经理并非依靠客观条件而成功，是正确的抉择成就了他。有许多人与他处境相同，但未必都会注重扩大个人的影响圈。

点评：案例中，这个积极主动的B部门经理通过自身的行动去影响上司、带动同事，使自己的影响圈持续扩大。而其他的经理永远只是关注客观情况，只在关切圈内思考问题，却不愿意做出任何改变，导致自己的影响圈越来越小，工作愈发艰难，无法得到领导的重用与信任。所有优秀的管理者、积极主动的管理者都是具备影响圈思维的人，他们通过改变自身来影响他人，不被外部环境所左右。

一个人究竟是关切圈思维，还是影响圈思维，从其言谈中便能察觉。与关切圈相关的语句大多带有假设性质：“要是我的房屋贷款还清了，我就没这么烦心了。”“如果我的老板不这么独裁……”“如果我的丈夫脾气好一点……孩子肯听话……”“如果我能有更多属于自己的时间……”“如果我学历更高……”而与影响圈相关的语句则多半展现了这个人的品德修养，例如：“我可以更有耐心、更明智、更体贴……”等自我改变的表述。

把外在环境视为问题关键的想法本身就存在问题，实则是我们赋予了外部环境控制自己的权力。这种“由外而内”求变的思维方式，是以外部环境的改变作为个人改变的前提条件。积极的做法应当是“由内而外”地改变，即先改变个人行为，让自己变得更充实、更具创造力；然后再施加影响，改变环境。

【案例】

有这样一个故事。古时候，约瑟17岁就被兄弟卖到埃及，成为埃及法老的护卫长波提乏的奴隶。面对如此遭遇，任何人都难免自怜自哀，并对出卖和奴役自己的人满心怨恨。然而约瑟却能积极面对，专心提升自身能力，不久便深受信任，协助主人打理家事，掌管财产。

后来他遭人诬陷，身陷牢狱长达13年，只因他坚决不肯出卖自己的良心。即便身处这般困境，他积极的态度依旧不变，从自身做起，时刻想着“我可以”而非“如果”，化悲愤为动力，没多久便掌管了整座监狱，后来又掌管了整个埃及，最终成为一人（法老）之下、万人之上的大人物。

点评：这种剧烈的思维转变并非轻易能够达成，毕竟让他人或外界条件充当替罪羊要容易得多；但是人人都应当对自己的人生负责，应当为自己营造有利环境，而不是坐等好运或厄运的降临。

【案例】

当婚姻出现裂痕时，只顾着指责对方的过错不但无济于事，而且这种强调“错不在我”的做法，本身就证明了你是个连自己都无法保护的受害者，自然更谈不上影响对方。不停地指责不但无法让对方改正过错、变得更好，反而会令人羞愤恼怒。

点评：真正有效的策略是从自身能够控制的方面着手，也就是先改正自己的不足，努力成为模范妻子或丈夫，给予对方无条件的爱与支持。我们当然也期望对方能感知这份苦心，进而改善自身的行为。不过对方的反应如何，并非关键所在。除了做好丈夫、好妻子，在工作中也要运用影响圈思维。

如何用影响圈思维工作，一起来探讨下面这个案例：

【案例】

小宋来公司已经快三年了，一直认为部门主管的位置很快就会属于自己。可是不久前从其他部门调来了一个同事，据说可能要担任这个主管的职位。而小宋明显感受到竞争的威胁了，这个时候小宋该怎么做？

点评：关切圈思维：关注的焦点在同事身上——这个同事是从哪个部门调过来的，为什么会调过来；他过去是什么岗位，他跟领导是什么关系，会不会是领导的亲信。

影响圈思维：关注的焦点在自己身上——小宋应当更出色地完成工作，来争取这个主管的位置；反思平常在工作中还存在哪些不足，如何调整，如何改进；加强与领导的沟通，让领导了解自己的工作成果，赢得领导的信任；同时还要和同事建立良好的工作关系，以便获得支持。

练习：从关切圈思维到影响圈思维——进行为期 30 天的试验。

我们能够通过日常生活中的种种琐事来训练自己养成影响圈思维的习惯，以应对人生的巨大压力。具体体现在：如何做出并信守承诺、如何面对交通堵塞、如何应对顾客的无理要求、如何看待自身的问题、把精力集中在哪些事务上等。

大家不妨用 30 天的时间亲身实践影响圈的原则，再观察其结果。这期间请将全部精力投入影响圈内，从日常小事着手，许下承诺并予以兑现。学会做照亮他人的蜡烛，而非评判对错的法官；以身作则，而非一心挑错；解决问题，而非制造事端。

在婚姻、家庭和工作中，都可以尝试这个原则。不要总是怨天尤人或者掩饰过错，若犯了错，要立即承认、改正并从中吸取教训。致力于影响圈内的事情，从自身做起。

对于他人的缺点，不要一味地指责。他人是否履行职责并不重要，重要的是自己的态度。如果一直认为问题“存在于外部”，请立刻停止这种想法，因为这种想法本身就是问题。

如果能妥善运用选择的自由，那么久而久之，自由的范围会越来越大；反之就会越来越小，直至只能够“被动生存”，即依照他人（父母、同事和社会）的意志生活。

我们要善用独立意志的天赋，对自己的效能和幸福负责，对身边的环境负责，这是后面每一个习惯的基础。

塞缪尔·约翰逊曾说：“幸福感源自内心，那些对人性一无所知的人总是妄图通过改变外在而非内在心态来追求幸福，结果必定是徒劳无功，而本来想摆脱的痛苦却会日益加剧。”

行动建议：花上一整天，听听自身和周围人的言语，统计使用“但愿”“我办不到”“我不得不”等消极回答的频次。

依据以往的经历，想象一下未来遇到何种情况会让你变得消极。倘若关注的是影响圈，再思考一下这个场景，你能够怎样积极回应？用几分钟时间，在脑海里生动地描绘那个场景，设想你以一种积极的方式进行回应。你只需随时提醒自己被动刺激与主动回应之间的差别，不要忘却有自由选择的权利。

找出一个在工作或生活中令你深感挫败的问题，判定它属于直接控制、间接控制还是无法控制的问题。然后在影响圈内找出解决问题的第一个步骤，并付诸实践。试行“积极主动”原则30天，记录自己的影响圈发生了哪些变化。

第二章 管理者的自我认知

所谓“知己知彼，百战不殆”。若想成为一名卓越的管理者，我们必须对自身有充分的了解与认知。在这一章，要先了解人体基本的生理学基础，理解情绪是怎样产生的，知晓人脑的构造以及各部分的功能。另外，对于管理者来说，管理风格的认知以及自我性格的认知也极为重要。首先，要了解有哪些常用的管理风格，它们的优缺点分别是什么，学会在不同的场景下运用不同的管理风格；其次，要对自己的性格进行一次测评，了解自身的性格特质，助力管理者在工作中做到扬长避短。性格认知不仅能够了解自己，还能够理解他人，通过判别他人的性格，可提高沟通的效率，尤其在管理下属方面，能取得良好的效果。

第一节 “大脑”认知

一、人脑的功能分区

人脑由大脑（大脑皮层）、小脑、脑干和边缘系统四部分构成。其中，大脑是中枢神经系统的最高级部分，也是脑的主要组成部分。它分为左右两个大脑半球，二者由神经纤维构成的胼胝体相连。人脑功能分区，可进一步通过图 2.1 学习、理解。

大脑半球表面存在许多凹凸不平的沟裂（称作脑沟），其间凸出的部分被称为脑回。这些脑沟、脑回犹如一块皱拢起来的绸布。一旦将其展平，其面积相当于 4 张 A4 纸大小。

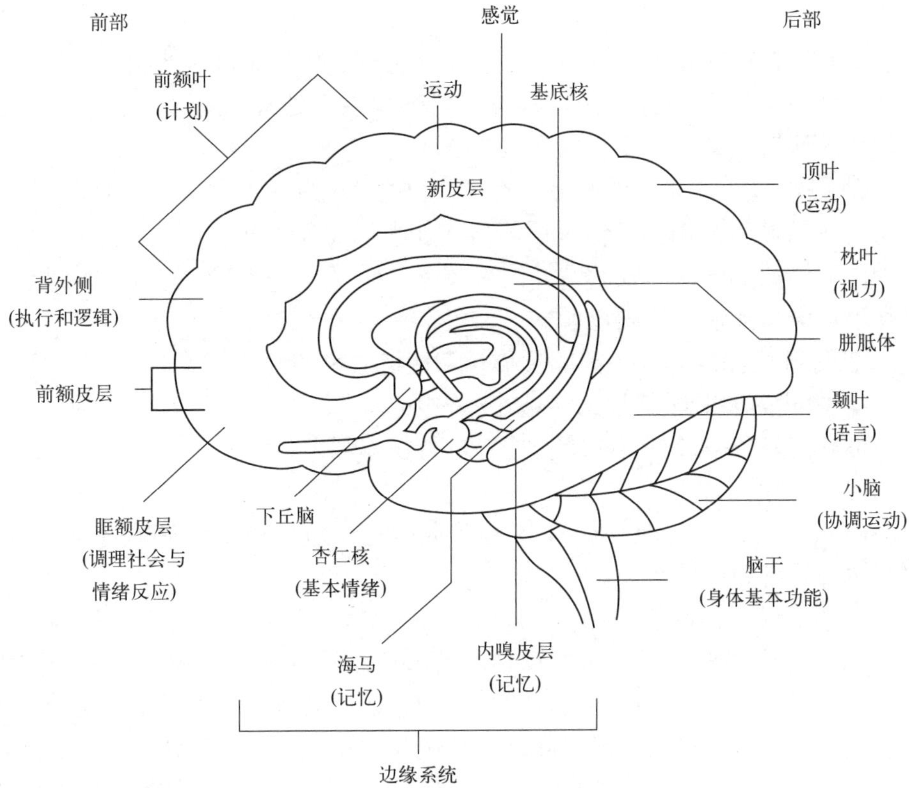

图 2.1　人脑功能分区图

（一）大脑的功能

大脑（或大脑皮层）是人类大脑最前部以及最大的部分，进一步被分为四个脑叶。每个脑叶都有左右两个相对应的部分，大脑半球之间存在细微的差异。

1. 大脑皮层的四个脑叶

（1）枕叶

枕叶是人脑的四对脑叶中最小的一对，位于头颅后方位置（人躺下头靠枕头的部分）。它包含初级视觉皮层（V1 区），能够进行视觉处理。可以说枕叶是大脑的视觉处理中心，负责低水平的视觉空间处理（方位、空间频率）、颜色辨别和运动感知。

人所看到的一切主要在此处被处理（尽管有些处理在信号到达枕叶皮层之前和之后也会发生，但该区域是视觉处理和感知的核心）。枕部病变通常与视觉幻觉、颜色或运动失认以及失明相关。

（2）颞叶

颞叶处在额叶和顶叶的下方、枕叶的前方，其背面即为外侧裂。

颞叶负责借助视觉记忆、语言和情感联系来处理感官输入，衍生出更高层次的认知意义。主要有以下三个分区：

① 颞叶位于顶叶边缘的韦尼克区，与语言的理解有着重要关联；

这些区域的损伤会致使说话障碍（如韦尼克失语症），甚至存在一种罕见的由左侧颞部病变引发的“外国口音综合征”——受影响的病人听起来像是在说母语，却带着外国口音。

② 颞叶内侧的海马体能够形成长期记忆，也和情感相关；

③ 颞叶的颞上回是听觉信息处理的中枢。

颞叶还具备高级视觉功能，能够进行物体和人脸的识别。

（3）顶叶

简而言之，顶叶能够处理各类感觉信息，包括触觉、嗅觉、味觉等，同时也与语言和记忆有关。

复杂来讲，顶叶负责整合来自外部的信息以及来自骨骼肌、四肢、头部、眼睛、耳石等的内部感觉反馈，并将所有这些信息源整合为一个连贯的认知表征——描述我们的身体与环境的关系，以及环境中的所有事物（物体、人）在空间上如何与我们相联系。倘若没有顶叶皮层，就无法完成需要眼或手运动以及眼手协调的任务。顶叶皮层还负责处理、存储和检索要抓取的物体的形状、大小和方向。

此外，顶叶区域似乎和自我加工以及代理感受相关。顶叶皮层的损伤，已被发现会致使严重的运动行为和面向对象的动作以及灵魂出窍体验的中断。

（4）额叶

额叶是大脑发育中最高级的部分，具备高级认知功能，负责思维，能够进行判断、思考、分析、演算和计划，并且与人的需求以及情感有关。

具体而言，额叶是大部分有意识的想法和决定产生的区域（思考）。此外，额叶皮层包含运动区域，此处我们能够控制四肢和眼睛的自主运动。额叶包含了大部分对多巴胺敏感的神经元——多巴胺系统负责与奖励、注意力、短期记忆、计划和动机相关的任何认知过程。

额叶的活动能够让你预测当前行为带来的未来后果，有意识地在行为之间做出抉择，并超越或压制社会上无法接受的反应或行为（判断、分析）。由于这些因素在很大程度上取决于我们的学习经历和周围环境，额叶皮层被认为是个性的核心中心之一。额叶损伤实际上已被证实会导致性格、味觉偏好、亲社会行为和行动控制方面的重大变化。

2. 左脑与右脑

人的左右半脑并非均衡发育。据统计，绝大多数人是左脑较为发达（其中约一半的人相对更均衡一些）。全球有 10% 的人是左撇子，即右脑发育相对发达。而左右脑的发育程度各异，蕴含了人的诸多特质和天赋的秘密：理解数学和语言的脑细胞集中于左半球，负责情感、欣赏艺术的脑细胞集中在右半球。

右脑发达的人在知觉和想象力方面往往更强，而且知觉、空间感和把握全局的能力通常更出色，在各种动作反应上相对更为敏捷。右脑最重要的贡献在于创造性思维。右脑不受限于局部的分析，而是统揽全局，以大胆猜测跳跃式地推进，得出直觉性结论。在某些人身上，直觉思维甚至成为一种先知能力，使他们能够预知未来的变化，提前做出重大决策。

左脑的记忆回路属于低速记忆，而右脑的记忆回路则是高速记忆。左脑记忆是一种“劣根记忆”，右脑记忆令人惊叹，它拥有“过目不忘”的本领。处理简单的语言问题时，人体左脑相对活跃。左脑发达的人处理事情更具逻辑、更有条理。左脑发达的人在社交场合较为活跃，善于判断各种关系和因果。左脑发达的人善于统计，方向感强。左脑发达的人善于组织。左脑发达的人善于从事技术类、抽象的工作（如电脑编程）。

（二）小脑的功能

小脑由两个高度折叠的半球构成。小脑有助于调节和控制精细的动作、身体姿势和平衡。它接收来自脊髓的感觉系统和其他大脑区域的输入，并整合这些输入来微调运动动作。

（三）脑干的功能

脑干是大脑中位置较低且最为古老的部分，由中脑、脑桥和延髓组成。通常被称作“爬行类大脑”，它掌控着人体自主的生理功能，例如心跳、呼吸、膀胱功能和感觉平衡。基本上，脑干控制着那些人体希望自动运行的一切，而无需有意识地去思索。

（四）边缘系统

边缘系统通常被称为“情感大脑”。它深藏在大脑中，是进化过程中古老的神经结构。边缘系统包括丘脑、下丘脑和杏仁核。边缘系统在引发人体“战或逃”状态方面发挥着关键作用，例如在工作面试的紧张、大促销活动购物之旅的焦虑或是与未来伴侣约会时的兴奋。

二、关于情绪的生理学基础

（一）情绪中枢的起源——脑干

考察人脑的进化历程，能够助力我们更好地理解情绪对理性心理潜在的掌控作用，以及情感和理智容易冲突的原因。人脑由细胞和神经液构成，重量约为1350g，是其他灵长类动物大脑重量的三倍左右。人脑自下而上生长发育，历经数百万年的进化，由较低级和较原始的部分发育进化出较高级的神经中枢，这一进化进程大致与现代人类胚胎的大脑发育过程相同。

大脑最原始的部分是环绕在脊髓顶端的脑干，处于大脑最下端，负责调控呼吸、人体其他器官的新陈代谢等生命基础功能，同时控制刻板（自动化）反应和动作。脑干不具备思考或学习的功能，它只是一个预设程序的自动调节器，其作用在于维持身体的正常运转，并触发确保生存的反应。在爬行动物时代，脑干的功能代表了生物的智能水平。例如我们轻轻敲击乌龟的壳，它会即刻把头和四肢缩进壳里。

脑干是大脑最原始的部分，也是情绪中枢的起源。人类情绪最初源自嗅叶，即接收并分析气味信号的细胞。每一种活的个体，无论是美味的还是有毒的食物，无论是伴侣还是天敌或者猎物，都携带着一种独特的分子标签，可通过空气传播。在原始时期，嗅觉对于生存具有极其关键的意义。

原始的情绪中枢从颞叶开始进化，最终发育成足以环绕脑干顶部的构造。在最初阶段，嗅觉中枢由负责分析气味的神经元薄层组成：第一层细胞接收闻到的气味，并进行分类，美味的或者有毒的，伴侣、天敌或者猎物；第二层细胞通过神经系统向身体发送反射信号采取行动，吞咽或者呕吐，接近、逃跑或者捕捉，好与恶，就是生物最基本的情绪反应。

历经数百万年的进化，情绪中枢进化成为会思考的大脑；即“新皮层”，我们将其称为“思考脑”。这层布满褶皱的，像灯泡一样的器官位于大脑的最外层。思考脑从情绪脑进化而来，这一现象很能阐释思维和情感的关系：情绪脑的出现早于思考脑，更进一步讲，情绪比思维具有更原始、更本能的属性。

（二）情绪的产生——边缘系统

最早的哺乳动物出现之后，情绪脑新的关键神经元层也得以形成。新兴脑的新神经元层环绕着脑干，像U形枕头一样；脑干恰好安放在中空的底部。依据它的形态被命名为“边缘”（limbic）系统——“边缘”一词源自拉丁语“limbus”，意为“衣领”。这一新的神经区域为大脑的指令系统增添了恰当的情绪。当我们渴望或愤怒的时候，因坠入爱河而兴奋或因恐惧而退缩的时候，正是受到了边缘系统掌控的结果。

边缘系统进化出了两个强有力的工具——学习和记忆。这种革命性的进化使得动物的生存抉择更为明智，能更好地适应环境变化的要求，而非依赖遗传获取的信息做出一成不变的自动反应。如果某种食物吃了会有不适反应，记住了下次就不会再吃。什么能吃、什么不能吃依然主要由嗅觉决定，嗅球和边缘系统之间的联结组织负责辨别各种气味，比较当前的气味与过往的气味，区分好的气味与不好的气味。这个功能是由“嗅脑”（rhinencephalon）来达成的。“嗅脑”的字面意思是“鼻子脑”，属于边缘系统神经网络的一部分，也是新皮层（思考脑）最基础的神经结构之一。

（三）情绪的复杂化——新皮层

大约在1亿年前，哺乳动物的大脑出现了生长突增，产生了新的大脑皮层。和最初的两层大脑皮层相比，新皮层具备非同寻常的智能优势，因此科学家认为，哺乳动物具有比其他物种更高的智力，其中尤以人类为典型。

“智人”的新皮层比其他任何物种的都要大很多，这是人类独有的特征。新皮层是思想的所在，它包含综合和理解感觉的神经中枢。新皮层还让我们的思考伴随着某种感觉，并且使我们对观点、艺术、符号和图像等产生感受。

在进化进程中，新皮层所具有的精妙调节功能使生命机体在趋利避害方面具有极大的优势，而且更有可能向后代遗传包含同样神经回路的基因。新皮层还拥有制定策略、做出长远规划和其他谋略的功能，这是关乎生死的优势。除此之外，艺术、文明和文化的繁荣也是新皮层的成果。

大脑新皮层还为情绪生活增添了丰富色彩。比如以爱情为例，边缘结构能够产生愉悦和性欲的感觉，即激发性欲的情绪。而新皮层的出现及其与边缘系统的联系，使得母亲与孩子的联系更为紧密，这种联系是家庭单元的基础，大脑的这种进化结构使母亲负有长期抚养孩子的责任，从而让人类的发展成为可能。人类父母对孩子的保护会一直持续到孩子成年，覆盖漫长的童年期——儿童的大脑在这期间发育。

新皮层让情绪生活更为微妙和复杂，例如对自身情绪产生自我感觉的能力。灵长类动物的新皮层与边缘系统比其他物种更为发达，其中人类的最为突出。这表明人类能够对情绪产生更广泛的反应，而且更加细腻。对于危险和恐惧，野兔和恒河猴有一套相对固定且有限的典型反应，但是人类拥有更发达的新皮层，它的指令系统更为细致多变，可能会打电话报警，也可能寻找工具自卫。社会系统越复杂，这种灵活应对就越重要，因此没有哪一种生物比人类更复杂。

新皮层虽然是大脑的高级中枢，但并不能掌控全部的情绪活动。对于心灵至关重要的问题——尤其是情绪的紧急状况，新皮层需要服从边缘系统的指令。由于大脑的高级中枢起源于边缘系统，或者说拓展了边缘系统的功能范围，情绪脑在神经结构中扮演着关键角色。情绪脑是新大脑发育的基础，情绪区域通过神经回路与新皮层的所有部分形成了错综复杂的关系。换句话说，情绪中枢对包括思考中枢在内的大脑其他部分的运作具有强大的影响力。

第二节 管理风格认知

要成为卓有成效的管理者，你必须能在截然不同的管理风格之间灵活切换。

——丹尼尔·戈尔曼

一、六种管理风格

管理风格指的是管理者在与他们的团队互动时所采取的行为方式。卓越的管理者往往情商较高、以人为本，他们会依据团队的具体状况来选择自己的管理风格——毕竟没有哪一种管理风格适用于所有人。管理者所采用的管理风格会伴随情况的变化而相应改变。作为一名管理者，应当权衡哪种管理风格在何时最契合团队。对于那些高效管理者来说，他们能够从容驾驭以下六种管理风格，分别是：愿景型领导、教练型领导、亲和型领导、民主型领导、领头型领导、命令型领导。六种管理风格的具体内容，可进一步通过表 2.1 对比、学习、理解。

表 2.1　六种管理风格

管理风格	领导特征	如何产生共鸣	最佳运用时机
愿景型领导	启发、激励；满怀信心；整合共同愿景；移情作用，让每一位成员知道个人努力对实现组织“梦想”的贡献和作用	推动组织成员朝向共同的“梦想”努力	当变革需要新的组织愿景时；当组织需要一个清晰明确的前进方向时；当组织发生剧烈变革的时候
教练型领导	善于聆听，帮助组织成员辨识其长处和短处；发挥顾问作用，对组织成员给予鼓励，合理授权和分工	将成员个人需要与组织目标联系起来	易受激励的员工需要通过帮助建立一种持久的能力，从而不断提高他们的工作表现
亲和型领导	营造组织中和谐、友好的氛围；移情作用；促进道德建设；解决冲突	通过成员之间的联系沟通，产生组织和谐	组织裂痕需要复合时；组织经历紧张困难时期需要有效激励时；组织需要加强沟通联系时
民主型领导	倾听的大师；团队合作者；施加影响者	欣赏组织成员的个人贡献，通过组织成员的积极参与，来实现组织目标	组织需要构建共识时；需要支持时；需要大量的员工参与、贡献时
领头型领导	具有目标实现的强大推动力；自我的高标准；很强的主动性；较低的移情作用与合作精神；缺乏耐心，事无巨细都要管理过问，过分看重数字结果	实现富有挑战性的、激动人心的组织目标	需要有一支能征善战、接受激励的团队高质量地完成任务时，如销售团队
命令型领导	发号施令，习惯“按我说的去做”；威胁；严格控制，严厉监督，产生不和谐；组织成员的情绪深受其害，天才的创造性被驱逐	遇有紧急情况，能够给予明确的方向指引，从而减轻员工的忧虑	组织遭遇严重危机时；组织遇到制造麻烦的员工时；当开始一项急迫的组织行动时，如传统上的军事领导

二、各种管理风格的优缺点

没有完美的管理风格，每一种管理风格既有优点也有缺点。高效的管理者在运用不同的管理风格时，尽可能地发挥其优点，规避其缺点。六种管理风格的优缺点，可进一步通过表 2.2 对比、学习、理解。

表 2.2　六种管理风格优缺点

管理风格	优点	缺点
愿景型领导	员工离职率更低、职业满意度更高；领导和员工之间的关系更紧密；员工士气更高，更有动力；员工有较高的主观性和责任感；可以帮助组织实现正面的变革	管理者需要经常鼓励员工，和员工保持沟通，给予其动力；需要更尊重员工的主观意愿；细节容易被忽视
教练型领导	赋能员工，员工会不断成长；领导和员工关系紧密；每个个体的优势和潜能更有可能得到充分的发挥	耗费时间，需要大量一对一的沟通时间；在快节奏工作氛围中很难适用；团队规模较大时很难适用
亲和型领导	当员工能力很强的时候，可以充分发挥自己的能力；团队创造力和创新力可以得到高度发展；更轻松自由的工作氛围有利于提高员工留存率	团队容易缺乏方向，凝聚力低；责任划分模糊，团队之间互相推卸责任；发生变化时，团队较难转变、适应；员工容易感觉到没有获得支持，尤其是新员工生产力可能会较低
民主型领导	员工的行动力和满意度会更高；可以激发创造力和创新力；团队之间的联系更紧密；工作产出质量更高	做决策时会很耗时，影响效率；有时会出现沟通上的错误；过度透明会影响重要信息的安全性；团队水平不够，可能会做出不佳的决策
领头型领导	员工有明确的前进方向；任务会被明确划分，员工知道自己的职责；员工的行动力和生产力都会提高；因为有明确的制度，所以执行时对领导和员工来说都有标可依	不利于发展创造力和创新力；不利于将员工发展为“领导者”，员工更容易变成“跟随者”；如果员工的工作动力不来源于物质激励，效果有限
命令型领导	做决策时更快速，可提高效率；特别适用于需要明确指示的团队；团队不用承担做决策的压力；在执行中错误率会更低；清晰直接的沟通会让分工、规则等更明确	过于严格的领导不利于和员工建立良好关系；限制创造力和创新力；不利于促进团队合作；工作缺乏弹性，可能会过于严格；不利于保持团队的稳定性

三、管理风格的相互转换

对于管理者而言，在不同的情况下我们要善于转换不同的管理风格。

【案例】

张震临危受命，担任某全球食品饮料公司的一个分公司的经理。当时，分公司正深陷一场严峻的危机；连续六年未完成指标，最近一年更是亏损严重。管理团队士气低落，彼此埋怨，毫无信任可言。总公司给张震的指令明确，必须扭亏为盈。

上任之初，张震意识到必须在短时间内展现出自己高效的管理能力，并与管理团队建立和谐与信任的关系。同时，他也清楚，当务之急是要有人告知他问题的症结所在。因此，他首要的任务便是听取关键人员的意见和想法。

在上任的第一周，他与管理团队的每一位成员共进晚餐和午餐，目的是让每个人都明白公司当下的处境。当时，他的用意与其说是了解每个人对问题的诊断，不如说是了解他们本人。**（此时张震运用亲和型领导风格）**

同时，他还竭力帮助团队成员实现个人梦想。例如，有一位经理总是收到负面反馈，他向张震倾诉了烦恼：大家对他意见颇大，抱怨他没有团队精神，可他本人却不这么认为。张震看出他是一位很能干的管理人员，对公司极具价值；于是便与他达成一项协议：一旦他的行为看似有些违背团队精神，张震会悄悄提醒他。**（此时张震运用教练型领导风格）**

在为期 3 天的外出会议中，张震继续与员工们一对一地深入交流。此时他的目的是建设团队，号召大家针对当前出现的危机出谋划策。他积极鼓励大家畅所欲言，表达自己的困惑与不满。**（此时张震运用民主型领导风格）**

次日，张震要求团队成员集中精力解决问题：每个人都必须拿出 3 个具体方案，阐明应采取的措施。当张震将大家的方案汇总到一起，他惊讶地发现，大家对于公司的当务之急已达成共识，比如都意识到了削减成本。

目标明确后，张震将任务落实到人，要求每位管理人员都对自己的任务负责。**（此时张震运用领头型领导风格）**

随后的几个月，张震不断阐述公司最新的愿景目标，让每位员工牢记个人工作与这一目标紧密关联。**（此时张震运用愿景型领导风格）**

特别是在计划开始的几周里，张震认为这是成败的关键节点；如果有人此时不能尽职尽责，那么他有理由采取专制的方法。“在监督计划实施方面我必须毫不手软，用铁的纪律和全身心的投入来确保任务完成”。**（此时张震运用命令型领导风格）**

最终结果：

工作氛围焕然一新，员工不断创新；他们谈论公司的愿景目标，并争相表示自己愿意为这一明确的新目标拼搏。张震仅上任 7 个月，公司盈利 5000 万美元，超额完成了全年利润指标。

点评：从以上案例可知，张震在不同的情形下运用了不同的管理风格，甚至是几种管理风格相结合。日常管理中，我们面对的并非单一的管理环境，可能比案例中的情况更为复杂。这就要求我们管理者必须熟练掌握上述六种管理风格，并在六种管理风格之间自如地切换——唯有如此，才能成为一名高效的管理者。

第三节 管理者性格认知

对于管理者来讲，了解自身的性格特征，有益于优化自己的管理风格，发扬优势、规避劣势。洞悉下属的性格特征，有助于在管理进程中摸索出与下属交流，以及激励下属的最佳途径。

一、DISC 性格测试

DISC 理论最早出现在 20 世纪 20 年代。一位美国心理学家威廉·摩顿·马斯顿（William Moulton Marston）构建了一套理论来解释人们的情绪反应。在此之前，对于这类问题的研究仍局限于心理疾病或是刑事案件上的精神错乱领域，而马斯顿则想要将这些概念拓展到涵盖普通人群的行为分析中。为了检验自己的理论，马斯顿需要有一套方式来测定他所要描述的行为特征。他的解决办法是自己开发出来测定这四项关键的元素的方法。他所选取的元素为“支配”（dominance，缩写为 D）、“影响”（influence，缩写为 I）、“稳健”（steadiness，缩写为 S）和“服从”（compliance，缩写 C），而这种方法也正是以这些元素得名 DISC。DISC 是最权威、最久远、最专业的性格分析方法之一，被广泛应用于招聘、经理人发展、团队建设、职业生涯规划当中。DISC 的核心是：性格不同、行为方式不同，与之匹配的职位也应不同。该测试的目的在于：从个人众多的行为中，找出他的典型行为方式，以及与典型行为方式匹配的职业类型。性格（人格特质）是对典型行为方式的分类符号，性格分析不但能够帮助我们了解自我、塑造自我、优化职业，还能够帮助我们了解他人。根据双方的性格特点，掌握与不同类型人群的交往技巧，改善人际关系。

DISC 的核心理念则能够追溯到古希腊时期。《希波克拉底誓言》的作者希波克拉底是最早运用四种不同元素来阐释人类行为的人。他以希腊四元素——火、空气、水以及土为基础的理念，在其逝世一千多年后仍被许多医生所采用。当然，现代的 DISC 测试相比希波克拉底的四元素，具备更坚实的科学依据。

许多现代行为理论均以四种元素为基石。其中影响力最大的或许当属瑞典心理学家卡尔·古斯塔夫·荣格（Carl Gustav Jung）的研究。他将个人行为定义为四种不同类型，分别是“感觉”“直觉”“情感”和“思维”。这些类型的定义源自荣格对无意识心理的毕生钻研。它们之所以重要，是因为它们代表了现代心理学家企图探测人类心理的初始尝试，而以荣格的研究为基础的测评工具至今仍然有效。依荣格的观点，人类是以这四种元素的组合本能地去理解行为（他的四种类型是一种组合的范例，而希腊人的四种特性则是另一种组合的范例）。这四种元素的组合（专业术语称之为“四联论”）造就了众多的测评方法，而 DISC 性格测试也是其中之一。

接下来用四种性格类型量表（表 2.3）测试一下：

本测试共 40 道题，在每题的四个选项中只选择一个“最像自己的”，勿多选。请按第一印象快速选择，联想生活、工作、学习中的你；如果不能确定，可回忆童年时的情况，或者参考你最熟悉的人对你的评价。（将选项对应的字母填到“你的选择”一栏）

表 2.3　四种性格类型量表

问题序号	选项	你的选择
一	1. 对新事物下决心做好 D 2. 轻松自如融入环境 S 3. 表情丰富，多手势 I 4. 准确知道所有细节之间的逻辑关系 C	
二	1. 完成一件事后才接手新事 C 2. 充满乐趣与幽默感 I 3. 用逻辑与事实服人 D 4. 在任何冲突中不受干扰，保持冷静 S	
三	1. 接受他人的观点，不坚持己见 S 2. 为他人利益愿意放弃个人意见 C 3. 认为与人相处好玩，无所谓挑战或商议 I 4. 决心用自己的方式做事 D	
四	1. 关心别人的感觉与需要 C 2. 控制自己的情感，极少流露 S 3. 把一切当成竞赛，总是有强烈的赢的欲望 D 4. 因个人魅力或性格使人信服 I	
五	1. 给旁人清新振奋的刺激 I 2. 对人诚实尊重 S 3. 自我约束情绪与热忱 C 4. 对任何情况都能很快做出有效的反映 D	

续表

问题序号	选项	你的选择
六	1. 容易接受任何情况和环境 S 2. 对周围的人、事十分在乎 C 3. 独立性强，机智，凭自己的能力判断 D 4. 充满动力与兴奋 I	
七	1. 事前做详尽计划，依计划进行工作 C 2. 不因延误而懊恼，冷静且容忍度大 S 3. 相信自己有转危为安的能力 D 4. 运用性格魅力或鼓励推动别人参与 I	
八	1. 自信，极少犹豫 D 2. 不喜欢预先计划，或受计划牵制 I 3. 生活与处事均依时间表，不喜欢被干扰 C 4. 安静，不易开启话匣子的人 S	
九	1. 有系统、有条理安排事情 C 2. 愿改变，很快与人协调配合 S 3. 毫不保留，坦率发言 D 4. 自信任何事都会好转 I	
十	1. 不主动交谈，经常是被动的回答者 C 2. 保持可靠、忠心、稳定 S 3. 时时表露幽默感，任何事都能讲成惊天动地的故事 I 4. 发号施令者，别人不敢造次反抗 D	
十一	1. 敢于冒险，下决心做好 D 2. 带给别人欢乐，令人喜欢，容易相处 I 3. 待人得体，有耐心 S 4. 做事秩序井然，记忆犹新 C	
十二	1. 始终精神愉快，并把快乐推广到周围 I 2. 情绪稳定，反应永远能让人预料到 S 3. 对学术、艺术特别喜好 C 4. 自我肯定个人能力与成功 D	
十三	1. 以自己完善的标准来设想衡量事情 C 2. 自给自足，自我支持，无需他人帮忙 D 3. 从不说或做引起他人不满与反对的事 S 4. 游戏般地鼓励别人参与 I	
十四	1. 忘情地表达自己的情感、喜好，与人娱乐时不由自主地接触别人 I 2. 有很快做出判断与结论的能力 D 3. 直接的幽默近乎讽刺 S 4. 认真、深刻，不喜欢肤浅的谈话或喜好 C	

续表

问题序号	选项	你的选择
十五	1. 避免冲突，经常居中调和不同的意思 S 2. 爱好且认同音乐的艺术性，不单是表演 C 3. 闲不住，努力推动工作，是别人跟随的领导 D 4. 喜好周旋于宴会中，结交朋友 I	
十六	1. 善解人意，能记住特别的日子，不吝于帮助别人 C 2. 不达目的誓不罢休 D 3. 不断愉快地说话、谈笑，娱乐周围的人 I 4. 易接受别人的想法和方法，不愿与人相左 S	
十七	1. 愿意听别人想说的 S 2. 对理想、工作、朋友都有不可言喻的忠实 C 3. 天生的带领者，不相信别人的能力如自己 D 4. 充满生机，精力充沛 I	
十八	1. 满足自己拥有的，甚少羡慕他人 S 2. 要求领导地位及别人跟随 D 3. 用图表数字来组织生活，解决问题 C 4. 讨人喜欢，令人羡慕，是人们注意的中心 I	
十九	1. 对己对人高标准，一切事情有秩序 C 2. 易相处，易说话，易让人接近 S 3. 不停地工作，不愿休息 D 4. 聚会时的灵魂人物，受欢迎的宾客 I	
二十	1. 充满活力和生气的性格 I 2. 大无畏，不怕冒险 D 3. 时时保持自己举止合乎认同的道德规范 S 4. 稳定，走中间路线 C	
二十一	1. 面上极少流露表情或情绪 S 2. 躲避别人的注意力 C 3. 好表现，华而不实，声音大 I 4. 命令支配，有时略傲慢 D	
二十二	1. 生活任性无秩序 I 2. 不易理解别人的问题与麻烦 D 3. 不易兴奋，经常感到好事难成 S 4. 不易宽恕或忘记别人对自己的伤害，易嫉妒 C	
二十三	1. 抗拒或犹豫接受别人的方法，固执己见 D 2. 不愿意参与，尤其当事物复杂时 S 3. 把实际或想象的别人的冒犯，经常放在心中 C 4. 反复讲同一件事或故事，忘记自己重复多次，总不断找话题说话 I	

续表

问题序号	选项	你的选择
二十四	1. 经常感到强烈的担心、焦虑、悲戚 S 2. 坚持做琐碎事情，要求注意细节 C 3. 由于缺乏自我约束，不愿记无趣的事 I 4. 直言不讳，不介意把自己的看法直说 D	
二十五	1. 滔滔不绝的发言者，不是好听众，不留意别人也在讲话 I 2. 难以忍受等待别人 D 3. 很难下定决心 S 4. 感到担心且无信心 C	
二十六	1. 很难用语言或肢体当众表达感情 D 2. 无兴趣且不愿介入团体活动或别人生活 S 3. 由于强烈要求完美而拒人千里之外 C 4. 时而兴奋，时而低落，承诺总难兑现 I	
二十七	1. 犹豫不决——迟迟才有行动，不易参与 S 2. 标准太高，很难满意 C 3. 不依照方法做事 I 4. 坚持依自己的意见行事 D	
二十八	1. 尽管期待好结果，但往往先看到事物的不利之处 C 2. 自我评价高，认为自己是最好的人选 D 3. 容许别人（包括孩子）做他喜欢做的事，为的是讨好别人，让人喜欢自己 I 4. 中间性格，无高低情绪，很少表露感情 S	
二十九	1. 不喜欢目标，也无意定目标 S 2. 容易感到被人疏离，经常无安全感或担心别人不喜欢与自己相处 C 3. 易与人争吵，永远觉得自己是正确的 D 4. 有小孩般的情绪，易激动，事后马上又忘了 I	
三十	1. 不关心，得过且过，以不变应万变 S 2. 充满自信，坚韧不拔，但常不适当 D 3. 往往看到事物的反面而少有积极的态度 C 4. 孩子般的单纯，不喜欢去理解生命意义 I	
三十一	1. 感到需要大量时间独处 C 2. 为回报或成就感，不断工作，耻于休息 D 3. 需要旁人认同、赞赏，如同演艺家，需要观众掌声、笑声与接受 I 4. 时时感到不确定、焦虑、心烦 S	
三十二	1. 遇到困难退缩 S 2. 被人误解时感到冒犯 C 3. 常用冒犯或未斟酌的方式表达自己 D 4. 难以自控，滔滔不绝，不是好听众 I	

续表

<table>
<tr><th>问题序号</th><th colspan="6">选项</th><th>你的选择</th></tr>
<tr><td>三十三</td><td colspan="6">1. 事事不确定，又对事缺乏信心 S
2. 冲动地控制事情或别人，指挥他人 D
3. 很多时候情绪低落 C
4. 缺乏组织生活秩序的能力 I</td><td></td></tr>
<tr><td>三十四</td><td colspan="6">1. 思想兴趣放在内心，活在自己的世界里 C
2. 对多数事情均漠不关心 S
3. 不接受他人的态度、观点、做事方法 D
4. 善变，互相矛盾，情绪与行动不合逻辑 I</td><td></td></tr>
<tr><td>三十五</td><td colspan="6">1. 生活无秩序，经常找不到东西 I
2. 情绪不易高涨，不被欣赏时很容易低落 C
3. 低声说话，不在乎说不清楚 S
4. 精明处事，影响事物，使自己得利 D</td><td></td></tr>
<tr><td>三十六</td><td colspan="6">1. 行动思想均比较慢，通常是懒于行动 S
2. 不容易相信别人，寻究语言背后的真正动机 C
3. 决心依自己的意愿行事，不易被说服 D
4. 要吸引人，要做注意力的集中点 I</td><td></td></tr>
<tr><td>三十七</td><td colspan="6">1. 说话声与笑声总是令全场震惊 I
2. 毫不犹豫地表示自己的正确或控制能力 D
3. 总是先估量每件事要耗费多少精力 S
4. 需大量时间独处，喜避开人群 C</td><td></td></tr>
<tr><td>三十八</td><td colspan="6">1. 当别人不能合乎自己的要求，如动作不够快的时候，易感到不耐烦而发怒 D
2. 凡事起步慢，需要推动力 S
3. 凡事勤怀疑，不相信别人 C
4. 无法专心或集中注意力 I</td><td></td></tr>
<tr><td>三十九</td><td colspan="6">1. 不甘愿、挣扎、不愿参与或投入 S
2. 情感不定，记恨并力惩冒犯自己的人 C
3. 因无耐性，不经思考，草率行动 I
4. 喜新厌旧，不喜欢长期做相同的事 D</td><td></td></tr>
<tr><td>四十</td><td colspan="6">1. 为避免矛盾，宁愿放弃自己的立场 S
2. 不断地衡量和判断，经常考虑提出相反的意见 C
3. 精明，总是有办法达到目的 D
4. 像孩子般注意力短暂，需要各种变化，怕无聊 I</td><td></td></tr>
<tr><td>D 的数量</td><td></td><td>I 的数量</td><td></td><td>S 的数量</td><td></td><td>C 的数量</td><td></td></tr>
</table>

完成之后将选择对应的字母数量加起来，填到后面的空格中。

二、DISC个性特征解析与行为表现

DISC 的四个字母代表了不同的性格特征，如图 2.2 所示：

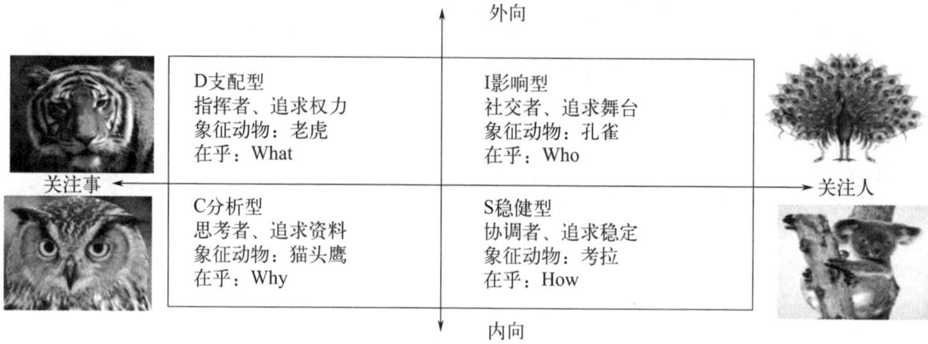

图 2.2　四种性格类型

四种不同的性格类型，用四种不同的动物来区分，便于理解。

D 的数量相对多的，称之为“老虎型”；

I 的数量相对多的，称之为“孔雀型”；

C 的数量相对多的，称之为“猫头鹰型”；

S 的数量相对多的，称之为“考拉型”。

从图 2.2 可以看出，老虎型和孔雀型相对性格外向；猫头鹰型和考拉型相对性格内向。而老虎型和猫头鹰型的关注点聚焦在“事”上面，孔雀型和考拉型的关注点聚焦在“人”上面。四种类型的性格特点大致如下：

D 老虎型：尽快取得结果、马上采取行动、勇于接受挑战、迅速做出决策、质疑现状、有效处理麻烦、克服困难。

I 孔雀型：喜欢联系他人、给人留下较好印象、善于语言表达、创造热情而富有激励性的环境、以积极的态度处事和对待他人、喜欢团体活动。

S 考拉型：表现稳定、无大起大落、富有耐心、善于倾听、注重专业技能的提升、乐于助人、忠诚可靠、创造稳定和谐的工作环境。

C 猫头鹰型：关注方针和标准、注重细节的准确性、思维严谨、权衡利弊、采用间接方法化解冲突、采用系统的考虑方法和解决方案。

（一）老虎型性格的行为表现

老虎型：开拓型、力量型、外向、行动者、乐观。

特点：喜欢做主、行动力强、行动速度快、思考力稍弱、喜欢做目标、不达目的不罢休、充满自信、意志坚定、有活力、做事主动、不易气馁、是推动别人行动的人、粗线条、对环境适应性较弱（因行动力很强，往往能在做事上取得很大成就）。

缺点：不易看到别人的需求，只看到自己的需求；做错事后很容易原谅自己；固执、易争吵、好斗、说话容易伤害别人、具有强迫性，很容易支配别人、无耐性、专横、经常人际关系差（这类人总觉得自己是对的，不太需要朋友；并且这类人天生行动力强，但是即使是正确的事情，也因为性格问题，说话伤害到别人，而得不到别人的支持和认同）。

注意点：这类性格的严重者会很独断、霸道，容易让别人感到压力，相处很累。

自我规划：①减轻对别人的压力，学会放松，要缓和态度；②尝试接受别人的号召和意见，尝试耐心和低调；③停止争吵，让别人也感觉到放松；④学习包容，学会道歉，学会坦然接受自己的错误，放开胸怀（当力量型的人学会承认错误，那么他便成功了）。

情绪：易怒。

恐惧：被利用。

作风：高 D（直接、有压迫感、果断），中 D（好胜、有自信、不摆架子），低 D（小心、温和、谦虚）。

目标：结果、控制。

说明：老虎型有自己的想法，且成功欲极强，同时极善于让别人按他们的方法做事。老虎型的人会做全盘考量，并看情况是否有利。为满足自己的需要，他们会通过直接且压迫性的行为掌控环境。但现况不利时，他们通常能压制住反对的声音。

工作时，老虎型的人很像“生意人”。他们工作忙碌、正式、有效率，有组织且功能性高；果断、反应快、善言辞，但言辞尖锐而不圆融。因为他们以事为主，并要求结果。高自我意识的长处，使这类人经常成为组织的火车头。因为他们好胜、喜欢改变且讨厌现况。身为爱探险的行动派，这类人要的是直接答案，且喜欢马上看到结果。他们没什么耐心，这可以从扣桌子、摇椅子和坐立不安等行为看出。若你有机会和这类人说话，可以考虑调整一下表达方式，谈谈他们想听的“产能”“功能”“期限”和“成本”等。

（二）孔雀型性格的行为表现

孔雀型：推销型、活泼型、外向、多言、乐观。

特点：一群人里面说话最多的，天生希望成为注意力的中心；具有很强的好奇心，热情热心，具有表达能力；精力充沛，具有干劲，但是却缺乏毅力，所以常常“这干干，那干干”的情况；好表现、粗线条、轻许诺（因为热心所以常常答应别人，但是由于记忆差，所以常常答应后就忘记了），以自己的快乐为主。

缺点：以自己为中心，独霸主题，爱打断别人的谈话；不注意记忆，变化无常，这类人易交朋友，但深交的朋友却不多；喜好多，却不精，缺乏毅力。

切入点：如果跟这类型的人交往，一定要多夸奖他，多鼓励他，多给他说话的机会。

自我规划：①管住自己的嘴；②控制自己的表现欲望；③对自己的评价不要过高，关心自己的同时也要关心别人；④培养记忆力；⑤不要太善变，要脚踏实地要做就要把一件事做完整。

情绪：乐观。

恐惧：排斥、失去社会认同。

作风：高 I（精力充沛、自我促销、容易交往），中 I（稳如泰山、有自信、深思熟虑），低 I（自制、悲观、退缩）。

目标：人际交往及认同。

说明：孔雀型的沟通能力强，并对自己的社交能力很有自信。为了满足需要，具有高影响能量者会先结合他人，说服其进行合作，以团队方式完成预期目标。

孔雀型生来较为乐观，会把大多数状况视作有利条件，不同于老虎型的敏感行为；因为他们渴望结识他人并获得他人欣赏，所以这类人的行为，有时是不善社交者难以理解的。他们通常具备说服他人共同合作的能力。他们的自我意识很强，和老虎型一样口才出色，但孔雀型更为圆润，对他人的感受更敏感。他们非常外向，且以人为本，同时珍视关系。工作时，孔雀型的步调快速且即兴，除非他们想要获得他人的赏识，否则一般来说他们会忽略细节，并且杂乱无章。这类人会迅速把所有东西塞进抽屉，为什么？没错，为了看起来更“体面”。在其周遭居住或工作的人，几乎无法从他们的桌子或档案里找到任何东西，然而，他们就是知道东西“就在这儿附近”。孔雀型天生对人性乐观，而滥用此特质的缺点之一，就是对谁都信任，且听他人说话时，会有选择性地听自己想听的内容，或者自己乐观期望发生的部分。他们可能要经历几次教训才会变得乖巧。

（三）考拉型性格的行为表现

考拉型：专家型、和平型、内向、旁观者、悲观。

特点：性格低调、易相处、轻松平和、无异议、有耐心、适应力强、无攻击性、很好的聆听者、具有外交手段（说话绕弯、不直接）、人际关系好（和事佬），因此朋友很多、不爱生气。

缺点：不容易兴奋、拒绝改变、喜欢一成不变、目标感不强、看似“懒惰”、不愿承担责任、回避压力、沉默（即使内心波涛汹涌，也不愿意沟通）、马虎无主见（需要老虎型的人给予指导，但不要施加压力）、不善于做决定。

切入点：和这类型的人交往，一定要鼓励他，促进他。

注意点：这类性格极端者会毫无主见，做事漫不经心。

自我规划：①让自己快乐起来，给自己尝试新鲜的事物和思想；②明确生活的责任，不要得过且过；③有意识接受督促（找个老虎型或猫头鹰型）；④多表达沟通。

情绪：无情绪。

恐惧：突然改变、失去保障。

作风：高 S（有耐心、容易预测、立场超然、合作），中 S（冷静、通融、步调快、动作快），低 S（停不住、性急、即兴、紧张）。

目标：保障、稳定。

说明：考拉型素质特别高的人，对于大多数组织而言可谓是“纯金”。因为他们不但是忠诚的员工，也是值得信赖的团队成员。他们是循规蹈矩的逻辑思考者，喜欢为一位领袖或目标拼搏。考拉型偏爱稳定且可预测的环境，而当需要改变时，他们会期望事先得到告知。他们热衷长期的工作关系，以服务为导向；同时富有耐心且和善，是能够设身处地且富有同情心的倾听者；他们真心关怀他人的感受和问题，在项目中尤其能够充当幕僚的角色。考拉型素质高的人非常谦虚，并且在大多数情形下，处理委婉。然而，倘若他们认为自己全面了解了状况，并已下定决心，顽固执着的一面就会显现！要是您不同意他们的想法，并想要加以劝说，最好携带确凿的证据。让他们改变之前，要先给他们重新思考的时间和空间。工作时，考拉型倾向于休闲协调的穿着。他们的工作环境个性化、轻松、友好且非正式。他们喜欢一致、缓慢且简单的方式；同时拥有长期的专注力，使他们能够稳健地开展工作。若某个考拉型的第二高分是老虎型，他们可能会完全以目标为导向，而且兼具直言不讳的特质。

（四）猫头鹰型性格的行为表现

猫头鹰型：客观型、完美型、内向、思考者、严谨。

特点：以思考为主，深思熟虑；严肃有目标，并且目标感很强；追求完美，有艺术天分；沉闷，关注细节，完美主义；高标准，做事前一定要先想个计划，有条理，有组织；交友慎重（一旦交往就会很忠诚地对待朋友），关心别人，为别人牺牲是自己的意愿（所以这类型的人一生一世有几个特别好的朋友，一辈子的朋友那种）；情感丰富容易感动，也容易受伤；高标准，对自己要求高对别人要求也高，希望一切都做得很好很对；理想主义，朝着自己的目标前进。

缺点：行动力弱，优柔寡断，容易抑郁（常常因为要求过高，当达不到的时候就会很失望），容易自惭自愧，悲观，天生消极，易受环境影响，情绪化。

注意点：这类型的人太容易思考，过度时会情绪低落。

切入点：如果想和这类型的人交往，一定要先打动他，但是不要进攻，要一点一点地建立信任和感情；这类型的人一旦认同你后，会很忠诚忠心。

自我规划：①要快乐起来（没人喜欢郁闷的人）；②不要太容易受伤害，不要太敏感；③不要把时间都用在规划上面，而不去行动；④不要那么高标准地要求别人，他不是你，放松下来，学会去发现别人的优点。

情绪：危机意识。

恐惧：被批评、缺乏明确标准。

作风：高 C（精准、尽忠职守、自制），中 C（重分析、逃避、固执），低 C（武断、反抗、不圆滑）。

说明：猫头鹰型尽忠职守、谨慎行事、重视规则与标准，与老虎型及孔雀型有极大的差别，他们行事精准且有条不紊。由于他们思维清晰，只要知晓正确的方向是什么，就能够受到激励，所以他们喜爱规矩和秩序。他们对自己和下属的要求都极高。这类人严守纪律，凡事讲究细节且维持高标准，不管做什么都力求完美。

工作时，从就业的层面来讲，他们是杰出的会计师、程序设计师以及脑部外科医生。先尝试从他们“挑剔”的角度审视您的产品是否存在问题，并且要比竞争对手先行一步。在饮食方面，猫头鹰型的人会仔细阅读所有的标签，并且熟知食物中蛋白质、脂肪和碳水化合物的比例。他们喜欢精心计算，除非厨房用具经济实惠且坚固耐用，否则他们是不会购买的。

四种性格特征可进一步通过表2.4学习、理解。

表2.4　四种性格类型特征

性格特质	D（老虎型） 行为：做 实践家	I（孔雀型） 行为：说 影响力强者	S（考拉型） 行为：看 重视人际者	C（猫头鹰型） 行为：想 思想家
优点	意志坚定，独立，果断，坚决，自信，天生的领导者，有决心，有远见，有效率，能够统筹一切	热情，健谈，乐观，开放，喜交际，喜欢热闹，好奇，灵活，善表演，抓住聆听者不放	随和，冷静，耐心，可靠，保守，幽默，善于倾听，受人喜欢，仁慈，富同情心，轻松，不苛求人生	有理想，敏感，多才多艺，有计划，有美感，分析力强，精确，自律，有次序，沉稳，心细，有才华
缺点	好发号施令，冷漠，专制，顽固，没耐心，残酷，自傲，易怒，偏见，强硬，不原谅，缺乏弹性 （唯我独尊型）	意志薄弱，健忘，爱夸大，善变，无纪律，多言多语，缺乏组织观念，目中无人，办事虎头蛇尾 （吃喝玩乐型）	冷眼旁观，漠不关心，无目标，胆小，缺动力，逃避责任，依赖，害羞，沉默不语，妥协让步，缺乏热情，犹豫不决 （优柔寡断型）	缺乏安全感，挑剔，悲观，敏感，情绪化，自我为中心，不实际，不善交际，先看别人的不足，倾向于记得负面的事情 （孤僻理论型）
职业	制作人，政治人物，律师，高管，老板，业务主管，创业家	推销员，演讲家，教育训练，演艺人员，大众传播，设计师，广告创意，客户服务，公共关系，柜台接待	政治家，教师，会计师，特别助理，顾问，行政人员，秘书，总务，幼教，公务人员，非营利事业组织人员	艺术家，音乐家，哲学家，教授，作家，导演，投资人，编辑，法务，会计，精算师，银行办事员，证券分析师，品质管理、研究人员
建议	敏感于别人的需要，凡事小心谨慎，注意琐碎的事情，培养耐心和弹性	凡事要有始有终，使用合乎逻辑的方式，集中注意力，注意对时间的分配，客观地作决定，三思而后行	勇于面对挑战，主动帮忙解决困难，有勇气保证和承诺，迅速作出决定	接受纠正，多采取主动，心胸宽大，增强自信心，乐观

（五）复合型性格特征

大多数情况下，会存在两种性格特征相互组合。我们将这种组合分为三种类型：自然组合、互补组合和矛盾组合。

1. 自然组合

I（孔雀型）+D（老虎型）：他们皆外向、乐观、坦率。孔雀型说话是为了愉悦，而老虎型则是为了工作，但他们皆是能言善辩之人。倘若您具有这种混合性格，那您便是最具领导潜力之人。若您将这两种优点加以结合，您便能指挥他人并使其乐于工作；您便拥有了既懂得享受情趣又能达成目标的个性；您便具备推动力和决断力，但不会为获取成就而强迫自己。这种混合型性格的人对工作和娱乐皆投入颇多，这令他们拥有良好的前景。从消极方面来看，这样的性格可能使人变得蛮横，意识不到自己在说些什么；使人变得任性且固执；又或者使人变得缺乏耐性，爱在谈话中打断别人而只顾自己不停地说话。

C（猫头鹰型）+S（考拉型）：他们都归属于内向、谨慎和沉默的一类。他们处事较为认真，会将问题看得极为透彻，并且不愿成为焦点人物。他们信奉泰迪·罗斯福的理念：“温和地说话，谨慎地行事”。考拉型性格能让猫头鹰型性格放松下来，而猫头鹰型性格能使考拉型性格不再慵懒。这样的性格组合能够造就最伟大的教育家，因为猫头鹰型对学习和研究的热爱，能与考拉型所具备的善于待人接物及传授知识相辅相成。他们在做决定时，显得颇为困难。因为他们在这方面都较为迟缓，并会因此而延误事情。最理想的组合是：拥有考拉型的冷静而没有猫头鹰型的忧郁，以猫头鹰型性格对完美的追求，来促使考拉型付诸行动。

2. 互补组合

D（老虎型）+C（猫头鹰型）：这是一个能够取长补短的组合，是优质的商业人才。将老虎型的领导能力、欲望、目标与猫头鹰型的善于分析、对细节敏感、有条理的头脑相结合，会令他们战无不胜。于他们而言，没有什么事情是做不成的，他们会一直坚持直至获得完美的结果。这类人表现得果断、有条理、目标明确，有着强烈的欲望和决心。当朝着正确的方向前进时，老虎型 / 猫头鹰型的人往往是最易取得成功的。但倘若走向极端，那么他们的优点也会演变成专横和傲慢。

I（孔雀型）+S（考拉型）：二者对任何事都泰然处之并自得其乐。这种幽默和随和的双重组合，使其能成为他人最好的朋友。他们热情、轻松的天性极具吸引力，大家都乐于与他们相处。考拉型能够缓和孔雀型在情绪上的起伏波动，而孔雀型则让考拉型变得充满活力。这种性格是与人交往的最佳性格组合。他们善于处理人际关系，也是优秀的父母和市民领袖的理想人选。这是因为他们既有孔雀型受欢迎的幽默感和个性，又有考拉型的踏实。可惜的是，孔雀型 + 考拉型的另一种表现是懒惰，不愿去追求他们原本能够得到的东西，并且缺乏理财能力。

3. 矛盾组合

I（孔雀型）+C（猫头鹰型）：二者是最为情绪化的两种性格。当一个人既要适应孔雀型思绪的起伏，同时又要处理猫头鹰型较深层的创伤时，这种分裂性格会引发情绪化的问题。当孔雀型的一面说："让我们去快活一下。"猫头鹰型的一面会去检查工作进度。

D（老虎型）+S（考拉型）：二者的矛盾性格不存在情绪方面的问题，他们的主要冲突在于"做还是不做"。考拉型的一面喜欢轻松对待事情，而老虎型的一面则会因无所作为而产生内疚感。这个问题通常会通过将工作和生活截然分开来解决——上班时极其努力，在家中则万事不管。大多数情况下，一个老虎型的人会全身心投入工作，回到家要么筋疲力尽，要么觉得不值得为家里做事。一个考拉型的人如果能够尽心工作，那么投入的程度甚至能与老虎型的人相匹敌，但完成一天的工作后，他就会完全地放松自己。

三、如何识别不同性格的人

如何识别不同性格的人，可进一步通过表 2.5 学习、理解。

表 2.5 如何识别不同性格的人

特征	老虎型	孔雀型	考拉型	猫头鹰型
第一印象	做事快	交朋友快	做人面面俱到	做事面面俱到
行为模式	做	说	看	想
最不喜欢	没有效率、拖拉推诿	缺乏弹性、墨守成规	出其不意、强人所难	朝令夕改、冲动鲁莽
做决策	清楚果断、经验直觉	随性所致、感觉决定一切	长时间地思考及多方询问	仔细推敲、演练
事业目标	财富、权势	名声、地位	稳定、社会认同	专业、权威
他人评价	果敢、坦率	活泼、开朗	冷静、耐性	谨慎、周密
面部表情	严肃自信，有时给人凶凶的感觉	经常笑，大笑，面部表情丰富	害羞、客气、体贴、随和	沉稳、严肃、不苟言笑
肢体动作	爱握拳头、习惯用一只手指来指挥别人、双手抱在胸前、一群人时喜欢走在前面	夸张的肢体动作（手舞足蹈）、喜欢接触、拥抱对方	有时手脚不知所措、常点头、一群人时喜欢走在后面	常常托腮或额头，若有所思的样子
走路姿势	走路快速、抬头挺胸，很有气势	灵巧，跳跃式的，像蝴蝶般飞来飞去	慢，有时会拖着步伐	比较慢，但优雅

续表

特征	老虎型	孔雀型	考拉型	猫头鹰型
讲话的语调	铿锵有力、气势逼人	高八度，很激动的语调	声音较细、轻柔，语调平平	低沉平稳的语调
开会	根据会议内容挑位置，发言强势，爱下结论	往前坐，喜欢左顾右盼聊天，喜欢发言但内容很散	到场最晚，坐后排，比较沉默	往后坐，心中暗自批判对错，被动发言，内容翔实而有逻辑
看电视	拿遥控器，看自己喜欢的频道	拿遥控器，频频换台	跟着别人看节目，投入度很高	跟着别人看节目，投入度很低，爱找穿帮处
乘坐电梯	直接进电梯，并迅速按按钮关门，不要跟在他后面	热情招呼大家："挤挤更热闹，还有地方"	耐心地等电梯和排队，不愿去挤，如果人满就等下一趟	如果人多会开始数人，发现人数超标，会叫人或自己出去
社交酒场	主动敬酒、目标明确，一定要别人喝，自己却不一定	主动敬酒，目标在座所有，不强求别人，这个不喝找下一个，自己是来者不拒	被动喝酒、想拒绝但很少成功，最后喝倒	被动喝酒，喝酒可以先给个理由，极少喝醉
朋友圈	朋友圈永远充满动力，积极向上，与时间赛跑。感叹号的使用频率远远大于其他符号	朋友圈展示的情绪持续高涨，任何人任何事都可能成为某条朋友圈的主题，点赞数远超其他人	朋友圈岁月静好，感恩是主旋律	不会轻易让你用他以前的朋友圈揣测现在的他

四、如何与不同性格的上司沟通

（一）如何与老虎型上司沟通

交谈前需整理自身形象，表情保持严肃；交谈时头部稍作下倾，以满足对方的领导欲；说话声音要洪亮，掷地有声；适时点头配合对方，切勿争论；不要轻易打断对方，重点谈论目标、结果；直切主题，简明扼要，避免兜圈子；不要诉苦，展现出战胜困难的信心；提供 3 个及以上方案供其选择。

（二）如何与孔雀型上司沟通

主动向对方打招呼，多多运用目光进行交流；声音洪亮，表情放松自然；当对方大笑时可自然回应；交谈时多进行互动，适时发表自身的意见，回应时要充满活力与热情。

（三）如何与考拉型上司沟通

保持低调，尽量避免张扬；讲话时放慢语速，面带微笑，表现得亲切友好，情绪保持稳定；保持主动，直接阐明要求，不要征求意见；除工作以外，可以多谈论一些与人相关的话题；以谦逊的姿态获取对方的好感，倾听时表情要自然、亲切。

（四）如何与猫头鹰型上司沟通

交谈前整理好自身形象，尤其是细节之处；交谈时不做出不雅的动作，符合礼仪规范，切勿触碰其办公桌上的任何物品；他们愿意倾听事实，所以沟通前需准备周全，备好书面资料，并搭配数据、图表等；语速不要过快，给予他们提问和思考的时间；不要讲笑话和低俗的内容，不能嘻嘻哈哈；面对对方的挑剔，应表示“马上改，一定按照您说的标准去做”，保持适当的距离。

五、如何激励不同性格的下属

（一）如何激励老虎型下属

沟通时注重效率与业绩成果，指明您的建议将怎样协助他达成目标；时刻支持他们的目标，称赞他们的效率；多进行口头的鼓励及赞扬，让他们在工作中自行弥补不足；让他们自己先找出完成工作及解决问题的办法，在恰当的情形下，给予更多的自主权；在合适的时候，让他协助管理，鼓励他和大家分享经验，夸赞他们的自信与果敢。

（二）如何激励孔雀型下属

对他们的生活表示关心，让他们感受到重视与尊重；与他们谈话时要注意沟通技巧，使他们觉得受到了尊重；安排工作时，强调工作完成对于团队和成员的重要性，指明不完成工作对他人的影响；重要的事情，建议以书面形式与他们确认，因为他们有可能说到但做不到；给他们提供充分与他人分享感受的机会，避免让他们感觉被拒绝，否则他们会因此而不安；赞美他们的影响力，给他们提供安全感。

（三）如何激励考拉型下属

支持他们的工作，对于他们的认真态度和敬业精神给予肯定和鼓励；奖励他们的勤勉，表扬他们的稳重、值得信赖、处变不惊；多给他们出主意、想办法，提供个人帮助，建立信任关系；不要随意换岗，必要时多给简单的工作。

（四）如何激励猫头鹰型下属

让他们清楚工作的模式，尽量让他们在熟悉且能掌握的范围内工作；给予合理的报酬，做到公平公正；多给予工作所需的专业支持，作业流程尽量少变动，要变动也要完整告知并适时鼓励；对事不对人，不要批评其专业；不讲不切实际的事，不说没有凭证的话；沟通前最好给他们准备的时间，他们不喜欢仓促行事。

第三章
管理者的压力与情商管理

上一章我们了解了人体的一些生理学基础，知晓了压力和情绪是如何产生的。这一章重点来谈谈如何管理好自身所面临的压力，以及如何提升自身的情商。

大家都说管理者承受的压力特别大，那么应当如何正确看待压力、降低压力带来的危害，并将压力转化为有利因素呢?

我们总是羡慕那些在职场上情商高的人，当我们学会了解情绪、控制情绪、利用情绪之后，你也能够成为一个高情商的人。

第一节
做一个“健康”的管理者

“健康”是一个我们每天都在关心、谈论的词。狭义的健康指的是身体的健康——不生病。后来人们发现，即使人的身体很健康也可能会出现问题。比如有的人得了抑郁症，而这属于心理健康问题，健康的外延也随之扩展。渐渐地，大家对健康的理解越来越丰富，甚至针对不同的群体、角色提出了不同的“健康”要求。比如，政治家和农民的“健康”要求差异是很大的。而对于做一名“健康”的企业管理者，人们更是提出了更多的要求。

一、健康管理者的“十商”

健康管理者的“十商”，可进一步通过表3.1学习、理解。

表3.1 健康管理者的“十商”

智商	IQ	是一种表示人的智力高低的数量指标，但也可以表现为一个人对知识的掌握程度，反映人的观察力、记忆力、思维力、想象力、创造力以及分析问题和解决问题的能力。确实，智商不是固定不变的，通过学习和训练，智商是可以开发提高的
情商	EQ	是管理自己的情绪和处理人际关系的能力。如今，人们面对的是快节奏的生活、高负荷的工作和复杂的人际关系，没有较高的EQ，在职场中是难以获得成功的
逆商	AQ	是面对逆境承受压力的能力，也就是承受失败和挫折的能力
德商	MQ	是一个管理者的德行水平或道德人格品质。德商的核心内涵包括体贴、尊重、容忍、宽恕、诚实、负责、平和、忠诚、礼貌、幽默等各种美德
胆商	DQ	是一个人胆量、胆识、胆略的度量，体现了一种冒险精神。胆商高的人善于把握机会，该出手时就出手
财商	FQ	是理财能力，特别是投资收益能力。管理者的财商，核心体现为做任何事情都要考虑投入收益比，否则就是浪费企业的资源，是没有财商的体现
心商	MQ	是维持心理健康、调适心理压力、保持良好心理状况和活力的能力
志商	WQ	是意志智商，指一个人的意志品质水平，包括坚韧性、目标性、果断性、自制力等方面
灵商	SQ	是对事物本质的灵感、顿悟能力和直觉思维能力
健商	HQ	是个人所具有的健康意识、健康知识和健康能力的综合体现

二、管理者的身心健康

（一）管理者的身体健康

在竞争日益激烈的市场环境下，很多肩负着企业发展重任的管理者，夜以继日地打理着企业，却唯独管理不好自己的健康。近日，一项针对2000名企业管理者和10000名员工展开的调查显示：企业管理者和社会精英人群健康透支现象最为严重，体检异常率高达98.5%，其中颈腰椎病、超重与肥胖是困扰企业管理者最为严重的健康问题。压力大、超负荷运转，加之健康意识不足，致使企业管理者的健康状况令人担忧。

长期以来，各种疾病威胁着企业管理者的健康。2013年9月6日，知名IT高管李开复通过微博确认了罹患淋巴癌的消息。他在微博中写道：“世事无常，生命有限。原来，在癌症面前，人人平等。”2012年12月8日，人称中国石油拓荒“海外少帅”的孙波同志突发脑血管瘤破裂去世，终年52岁；2011年底，苹果创始人乔布斯患胰腺癌去世，享年56岁……管好健康，才能管好企业，管好团队。

健康是个人和家庭最大的投资。如果一个人连自己的健康都不重视、都管理不好，那么何谈管理好团队、管理好企业？

如今，人力资源日渐成为企业的核心竞争力，企业的健康管理也成为一个不容忽视的问题。管理者的健康，以及每一位员工的健康，都会影响企业的效益。然而，目前中国企业对健康的管理意识严重不足。调查显示，2/3的企业为员工提供的健康福利仅为年度体检，缺乏整体、系统的健康管理措施；有超过1/4的企业认为员工的健康管理等同于为员工提供体检。有一位企业管理者曾这样说：“一个知道锻炼身体保持健康，同时不断学习的人，是很难有人与他竞争的。”如果每一位管理者都能意识到这一点，那对于自我和企业的健康管理而言，都是一个进步。

所以企业管理者要尽快将自身健康管理提上日程。倘若企业管理者太忙，实在没有精力，不妨给自己找一个健康管家，为自己进行全面的健康管理。这个健康管家，可以是专业的健康管理公司，也可以是妻子、亲属、朋友等。其中，妻子往往能在很大程度上影响整个家庭的健康状况，应努力发挥提醒、监督、监测的作用。

此外，企业管理者自身要改变不良生活习惯，努力做到合理膳食、适量运动、戒烟限酒、心理平衡等。还要养成定期体检的习惯，长期监测体重、腰围、血压、血糖等生理指标，避免“赢了财富、输了健康”。

（二）管理者的心理健康

每个人都需要心理健康。只有心理健康了，身体才会健康，家庭才会健康，事业才会健康。其实每个人的心理空间容量都差不多，如果一个人的内心放满了“贪恋、怨恨、懵懂、傲慢、多疑”这五样东西，他就容易纠结痛苦；如果一个人充满了积极、乐观、向上的正能量，他就会觉得幸福快乐。

如何做才能使自己的心理空间变得更加健康呢？有些人年龄不大，心里却能装很多东西，而且都是积极的、正能量的，这是练出来的。很多人不想做事，做一天和尚撞一天钟，因为他们觉得思考太累、费脑子。然而能够改变你心理空间的正是“勤奋”这两个字——因为勤奋除了需要手勤、腿勤、口勤、勤练，更需要思考。如果你做了部门经理，却不把心思放在提升自身能力上，不把职能职责放在首位，当你不能胜任的时候，肯定会觉得很痛苦。所以管理者心理健康的关键，是要把注意力放在自身能力的提升上，能力越强，痛苦越少。

第二节 管理者的压力管理

“压力”，是很多人心中的洪水猛兽。大家恐惧压力、逃避压力，认为压力会影响我们的身心健康，但压力真的如此可怕吗？

一、认知压力

（一）压力有害或压力有益？

美国斯坦福大学的心理学家艾丽娅·克拉姆和她的同事开发了“压力思维模式测试”，以评估人们对压力的看法。不妨花点儿时间看看下列两种思维模式，思考一下你更同意哪组说法：

思维模式 1（压力有害）：承受压力损害人的健康和活力，承受压力影响人的表现和效率，承受压力阻碍人学习和成长——压力的影响是负面的，应该避免。

思维模式 2（压力有促进作用）：承受压力有助于人的健康和活力，承受压力提升人的表现和效率，承受压力推动人的学习和成长——压力的影响是积极的，应该加以利用。

这两种模式中，“压力有害”思维更为普遍。艾丽娅·克拉姆和她的同事发现，尽管大多数人都能够在两种模式中找到对应的事实依据，但他们还是觉得压力弊大于利。艾丽娅·克拉姆观察到的趋势与其他研究的发现一致。在 2014 年罗伯特·伍德·约翰逊基金会与哈佛大学公共卫生学院联合开展的调查中，85% 的美国人同意压力对健康、家庭生活和工作有消极影响。根据美国心理学协会的调查，多数人认为自己当前承受的压力水平不健康。

然而，也有证据表明人们看到了压力的好处。2013 年，心理学家对正在参加斯坦福大学领导力发展项目的首席执行官、副总裁与总经理们开展了一项调查，51% 的人说自己在压力状况下表现最出色。在 2014 年哈佛大学公共卫生学院做的调查中，67% 报告承受高压的人也表示，压力为自己带来了至少一方面的益处。但是这两项调查的参与者都坚信，他们应该做更多措施来减轻压力。这种对压力的态度，并非美国人独有的思维模式；相信中国人对压力的总体认知也是相当负面的，即认为压力具有巨大危害。

但是，认为压力有害与认为压力有益，伴随着完全不同的结果。艾丽娅·克拉姆的研究表明，相信压力有促进作用的人，比那些认为压力有害的人，更少抑郁，对生活更满意。他们更有活力，健康问题更少。他们更快乐，工作更高效。他们与压力的关系也有所不同：更乐于视压力状况为挑战，而不是击垮自己的难题。他们对自己应对挑战的能力更自信，更善于在困难情境中发现意义。

很多人可能会有不同观点："对压力保持积极认知的人更幸福和健康，那是因为他们的压力不大；如果他们再痛苦一点，对于压力的认知或许就会改变。"

尽管这种受自身的压力思维模式影响的观点不太科学，但仍属于合理的猜测。艾丽娅·克拉姆也考虑到了这种可能性：积极的压力思维，或许是轻松生活的结果。但研究数据时，她发现人们如何看待压力，与人们承受的压力严重性之间，只有微弱的关联；她还发现，人们在过去一年经历的压力事件数量（如离婚、失去亲人或更换工作）与他们对压力的消极认知程度之间，关联也非常小。那些乐观看待压力的人，并非一辈子都没遇到过痛苦。艾丽娅·克拉姆还发现，无论人们当下承受的压力是小是大、过去一年有没有遇到压力，乐观看待压力对人都是有益的。

艾丽娅·克拉姆的研究表明：压力思维模式很强大，是因为它们不仅影响你怎么想，还影响你怎么行动。认为压力有害，压力就是需要逃避的东西，感受到压力就变成了想要逃避或减轻压力的信号。比如说，他们更可能：努力使自己逃离压力源，而不是主动应对它；集中精力摆脱压力感受，而不是追根溯源解决压力；依赖酒精或者别的替代品，通过其他上瘾的东西来逃避压力，并从产生压力的关系、角色或目标中撤回精力和注意力。

恰恰相反，认为压力有益的人更可能积极主动地应对压力。他们更愿意：接受压力事件和发生的事实，研究并策划处理压力源；搜集信息，寻求帮助或建议，采取步骤应对、消除或改变压力源；以更积极的方式看待压力，更好地利用情境，把它当作成长的机会。

改变思维——认为压力有益，将带来非常不同的结果。面对困难迎头而上，而不是企图逃避或否认，这样你就强化了应对压力的资源。你对处理生活挑战的能力更自信，你就建立了更强大的社会支持系统。能掌控的问题得到处理，而不是恶性循环失去控制，不能掌控的情境就变成了成长机会。

（二）管理者的压力从哪里来?

每个人都有压力，但是并非每个人都能感觉到压力大到超出承受能力，通常能力越强的人承受的压力越大。也并非每个超负荷工作的人都能说出自己的压力，有一些人甚至没有机会，或者没有“资格”说出压力。如若不信，看看团队里的管理者：从下往上看，他们获得了比下属更多的工作报偿、拥有更多的资源；从侧面看，他们通常具有较高的社会地位和成就感。那么，管理者的压力来自哪里呢?

管理者的压力主要来自两个方面，其一，是管理岗位以及管理职责所附带的压力；其二，是管理者自身施加的压力。

1. 工作岗位附带的压力

所谓管理者，就是在队伍前面领路的人。在任何一种环境和任务中，走在最前面的人必然承受着最大的风、最高的浪、最急的雨、最浓重的黑暗。他们既是探路者，也是领航者，压力不仅来自环境的挑战，还源自肩负的责任。

管理者要为团队的成败负责。管理者最核心的工作在于决策，因为拥有了决策的权力，也就不可避免地要承担起决策的结果。作为一名管理者，决策错误，更准确地说是方向判断错误，是最大的过错。“引咎辞职”这个词，就是为管理者们量身定制的。没有人能不犯错误，只能尽量少犯错误，避免犯致命的错误。团队越大，管理者的责任也就越大。作为管理者，对于个人成败，或许能看得开；但对于团队存亡，却往往难以释怀。这样的压力是管理者无法回避的，如果成功了，那也是甜蜜的负担。

管理者要为团队成员的个人发展负责。有些管理者会犯一个毛病，就是替下属做事。因为他们嫌下属做得慢、犯的错误多，而忘记了自己曾经也是这样摸爬滚打过来的。没有人是天生的管理者，即使“空降部队”也有自己的成长历程。一名称职的管理者，要给下属成长的机会和空间。人们通常认为，如果自己手下的人没有长进，没有拿得出手的业绩，是管理者的失职。所以，管理者负有培养、教育下属的不成文的责任。而培养一个人，尤其是一个有用的人才，从来都不是一件容易的事，既费力又费心。

管理者要为社会负责。每一个人都要为自己的行为负责，而管理者则需要为整个团队的行为负责。生活在人与人、团体与团体相互影响的社会系统之中，一个团队的行为可能会对小到邻近社区、大到整个社会产生影响。反之，曾经出现的毒奶粉、地沟油事件之所以激起全社会巨大的愤怒和不安，就是因为肩负责任的人以及团队没有对社会负起责任。

2. 自己给自己的压力

自己给自己的压力，主要源自上进心。“别人能做好的事，我怎么就做不好？别人一年就能做到的事，我怎么两年了还没做到？”管理者作为人群中的少数派，处于人群中相对优势的位置；即使已经过了争强好胜的年纪，“面子”和自尊也难以允许自己有不如人之处、不如意之态暴露在他人面前。

管理者不能心情低落？一位企业高管坦承自己喜欢参加一些培训活动，除了充电之外，还能够得到放松、调整心情。因为在部门里是一把手，别人都会看自己的脸色行事，所以他每天上班都必须斗志昂扬，可以和蔼可亲，但不能松懈，更不能让人看到自己的沮丧、不满，甚至连愤怒都是有目的的表演。“当然这样的角色我已经习惯了，但总是这样还是会感到压力。”

管理者无人能理解？俗话说，“位置决定观念”。这既指一个人的处境和利益诉求决定了他的立场和出发点，也指一个人的位置、层次决定了他的眼界和思路，所以管理者有时会有身在高处的孤独感和无助感。下属所承受的压力，管理者完全能够了解。而管理者所承受的压力，又有几人能懂呢？

一个人能由普通员工走上管理岗位，必然是因为他有比其他人更出色的业绩和才能。一个出类拔萃的人，往往会设定更高的标准，这个标准不仅是用来评价别人的，更是用来评价自己的。从这个角度讲，管理者是一群很难被满足的人。高标准、严要求是工作进步的强大动力，也是自己对自己施加的持续的压力。只要有一件事情处理得不够好，自己就难以平心静气地接受——这样工作，该有多累？

“今天再大的事，到了明天就是小事；今年再大的事，到了明年就是故事。我们最多也就是个有故事的人。”这段话听起来颇有道理，但是真正面对压力事件时，我们很难做到如此释然。

人生就像蒲公英，看似自由，却身不由己。有些事，并非不在意，而是在意了又能如何？自己全力以赴便好，人生没有如果，只有后果和结果。

二、管理者要跟压力做朋友

（一）压力是可以避免的吗?

幻想一下完全没有压力的生活，再幻想一段其他人与你自己都对你没有任何要求和期许的时光，在这种情况下你会更幸福吗？事实上，你更有可能会感觉到空虚、无聊、毫无意义——就好像在大学里睡懒觉、逃课、打游戏、无所事事度过的那些时光一样，人们甚至会常常感觉到“毫无压力”所带来的焦虑。

再努力回忆一下你觉得最有意义、最充实、最有幸福感的一段时光，在那段时光里你有压力吗？基本上，每个人感觉充实有意义的日子，都是有压力的——例如高考之前的那段时光，考试、作业、上不完的晚自习；与此相伴的，是能够清晰感觉到的自身进步、成长和平静。

有意义的人生是无法拒绝压力的：成长的过程必然伴随着对自己的更高要求，开拓新的人生地图必然需要你鼓足勇气克服焦虑。逃避压力看上去容易，实际上却是走上了一条艰难的路——逃避压力等于拒绝成长。生而为人，本就有追求自我价值的需求，无法否认“压力无法避免”这个客观事实。当逃避没有用处时，只能去认识压力、面对压力、利用压力。

（二）压力是怎样在你身上起作用的？

认识压力的第一步，是了解压力是怎样对人们的生理、心理产生作用的。

“战与逃”，这是人们对于压力的最初认知，也是压力引发紧张、焦虑的主要机制。但是压力只通过这样一种方式影响我们吗？压力还可以通过其他方式在我们身上发挥作用：

1. 压力让你兴奋起来、保持警觉、准备行动

压力给你应对挑战的力量。对于本身充满自信、热爱挑战的战士来说，竞争的压力会点燃他们的大脑活力，让他们更加兴奋，甚至比平时发挥得更好。这是因为在压力的作用下，人体会分泌内啡肽、肾上腺素、睾丸素和多巴胺。这些化学物质组合起来，会让你更加自信、更乐于追求目标、更愿意专注于自己的事业，从而实现巅峰的表现。也就是说，当你把压力转化为兴奋，把压力的来源看作有趣的挑战而非讨厌的麻烦时，你就能更多地关注自身的资源和能力，更好地发挥自身潜力。压力在身体内如何转化，可进一步通过图 3.1 学习、理解。

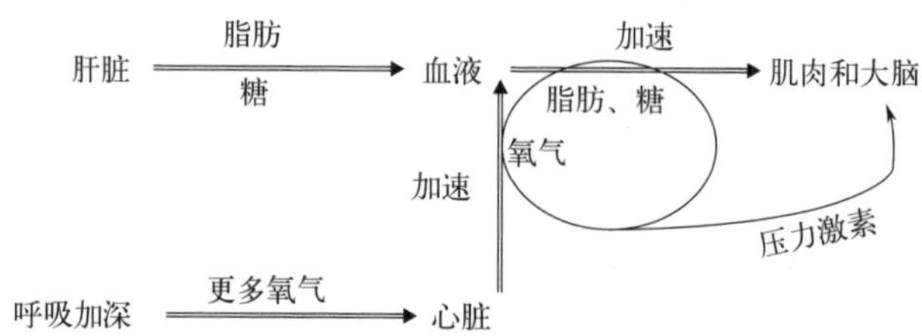

图 3.1　压力转化图 1

2. 压力鼓励你进行社交、充满关爱、帮助他人

压力帮助你融入社会集体。当自己遭遇无法应对的压力时，人可能会选择逃避；但是当心爱的人遭遇危险时，人往往会爆发出超乎寻常的勇气去面对困难。这是因为在压力下，人体会分泌更多催产素激素，以调节大脑的社交本能，帮助人更好地理解和回应他人的需求，激发对社会联系的渴望，抑制大脑的恐惧反应，进而推动社会交往。也就是说，除了“战与逃”的压力反应之外，人们也有可能在压力下激发保护后代、保护部落的本能，让我们变得更勇敢、更愿意去相信和帮助他人、更亲近社会。压力如何分泌催产素激素，可进一步通过图 3.2 来学习、理解。

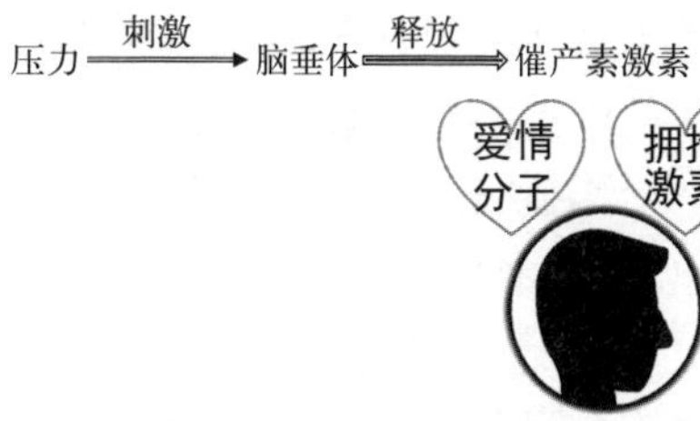

图 3.2　压力转化图 2

3. 压力让你不断思考、深刻记忆、积累经验

压力帮助人们学习和成长。伴随着强烈情绪和压力的记忆往往更为深刻，而且在强烈压力反应之后，人会不断思考刚刚发生的事情，并且有强烈的倾诉冲动。这是因为在压力反应下，人的大脑会激活相关神经联结，以督促你反思、记忆和吸取教训。也就是说，在压力的作用下，自己经历过的事情会留下更深刻的印记，从而主动从中挖掘更有意义的内涵，这些思考的结果就是通常所说的“经验教训”。压力所带来的强烈情绪，帮助人们深刻地记住这些经验教训，并利用它们来处理未来可能遇到的相似挫折，更快地学习和成长，如图 3.3 所示。

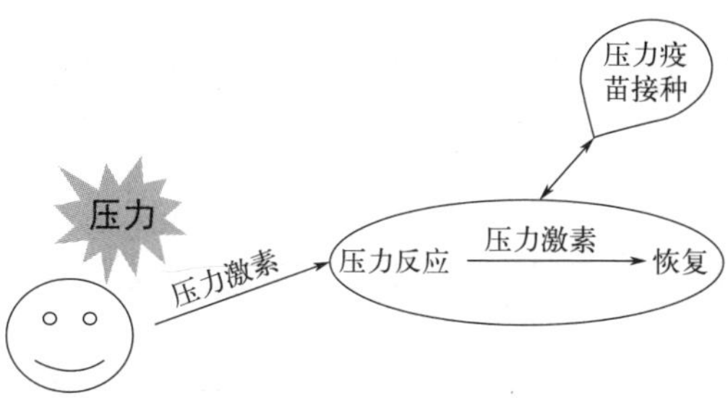

图 3.3　压力转化图 3

（三）压力对你的影响是可以主动选择和改变的吗？

不同类型的压力情境会引发不同的压力反应，每个人的生活经历和生理基础也会影响个体的压力反应系统；所以压力反应系统并非一成不变，它会受到各种因素的影响。那么，这种影响能够主动选择和调整吗？

答案是肯定的：人类是擅长学习的生物，在面对压力时明确自己希望压力带来的积极的影响，然后做出策略性的改变，就能够影响压力反应的倾向性。因此，你的想法和行动，可以改变压力作用的方式。

面对压力你想要什么？面对挑战，我想要自信而非逃避；面对痛苦，我想要回归群体而非孤立无援；面对苦难，我想要寻找意义而非随波逐流。改变我们对压力的看法，是改变压力反应模式的第一步；当我们选择了一条更积极的路径，大脑会帮助我们沿着这条路径继续前进。

面对压力你要怎么做？主动思考、主动选择、主动尝试。我们可以刻意地去练习，把自己的注意力聚焦到自己最需要的压力反应模式中；有意识地去强化和发展这种反应模式，更进一步地主动尝试——主动面对挑战、去帮助别人、去寻找生活的意义。

前面说过，压力帮助我们学习和成长，所以每当我们重复一次自己喜欢的压力反应模式，我们的大脑和身体就会在压力下记住这种经验和教训，习得新的工作模式。因此，压力下的每个瞬间都是我们转化压力本能的机会，我们可以主动选择和强化自己想要的压力反应模式。

压力是无法逃避的，我们只能与之和谐相处。压力的反应模式是多种多样的，不同的模式会有不同的效果；压力的反应模式是可以选择和调整的，我们可以主动出击以获取自己想要的结果。

所以，压力真的有害吗？压力本身并非有害，只是我们用不同的方法对待压力会获取不同的结果。如果我们采取主动积极的态度，去追求自己需要的压力反应模式；那么压力不但无害，甚至会成为帮助我们成长的资源和动力。

逃避和反感压力，压力可能会带来焦虑、紧张和压抑；拥抱和利用压力，压力就会带来勇气、成长和坚强。压力其实并非我们的敌人，它实际上是我们的朋友、伙伴和导师。

三、管理者如何转化压力

当人们要去挑战一件事或者害怕一件事情时，生理反应是存在差异的。挑战反应会给身体提供更多的能量，帮助人更好地面对挑战；恐惧反应则是尽量减少能量的消耗，准备或战或逃。恐惧反应使人更关注潜在的伤害，更关注自己的错误，挑战反应使人更关注目标的达成。一个让人避免犯错，一个让人做得更好。

（一）转化压力：变紧张为兴奋

你认为焦虑是损耗，还是能量资源呢？当紧张来袭，你将其理解为未处理压力的信号，还是身体与大脑被激发的标志？选择视焦虑为兴奋、能量或者动力，能够帮你发挥出最大的潜能。

新奥尔良大学的研究人员曾把心率监视器绑在资深高空跳伞者和紧张兮兮的新手身上，他们发现老手并不比第一次跳的新手更平静；相反，经验丰富的跳伞者跳前跳后心率都更高，俯冲时心率越快，他们的兴奋和愉悦反应越强烈。当需要跳跃，想要表现得好，不必担心自己，刻意强迫自己放松；相反，拥抱紧张，告诉自己“很兴奋”，让自己知道正在全情投入。重大事件之前（比如会议、演讲、竞赛或是考试），如果你感到紧张，那么焦虑和兴奋之间只有一线之隔。

（二）转化压力：变恐惧为挑战

人不止有一种反应。在需要我们在压力下有所表现的场合（如体育竞技、公众演讲或者考试），理想的压力反应能给予我们能量、帮我们聚焦、鼓励我们行动——这就是挑战反应，它驱使我们迎难而上。

在压力下我们会产生很多反应，那如何让自己在压力下产生的是挑战反应呢？影响压力反应最重要的因素，是你如何看待自己处理压力的能力。

在很多情境下，人们都会评估环境和资源。这有多难？我有能力和勇气吗？这种对任务难度和资源的评估可能并非有意识的，但一定是在头脑内悄然进行。如果我们专注于我们拥有的资源，会更容易产生挑战反应。

在评估资源的时候，不要忽略了一个资源——自己的压力反应。当我们视压力反应有害，它就被当成了良好表现的障碍，继而变成要克服的包袱；反之，视压力反应不是障碍而是资源，会增加我们感知的资源，增添一份强大的能量去克服恐惧，把恐惧转化为勇气，帮助我们在压力下更好地表现。

当人们感觉到心怦怦跳或者呼吸急促，就要意识到这是身体在为你提供能量。如果注意到身体紧绷，就提醒自己说压力反应在让我们接收能量。

无论压力是什么感觉，别再试图赶走它，而是聚焦在可以用压力给你的能量、动力来做些什么。在压力场景下，问问自己：我可以怎样行动，或者作何选择，能够与当下的目标一致？

（三）转化压力：支持他人，变无助为希望

当你感觉无助时，找个方式为别人做点儿超出你日常责任的事，大脑可能会暗示你没时间或没能量，但这正是你该那样做的原因。你还可以把这当作日常行为——设定一个寻找机会支持他人的目标。这样一来，你引导身体与头脑采取积极行动，能够体验到勇气、希望和联结。

两种策略能强化这种做法的益处。首先，做新的或者未曾期望的事情，比每天做同样的事更能强化大脑的奖励系统；其次，微小的行动和重大的举措一样有力，所以寻找机会从小事做起，而不是等到完美时刻出现才一鸣惊人。我们鼓励大家创造性地与人为善。你可以给予他人赞美，或只是全情关注。像我们看到的其他思维重置方式，比如牢记价值观或者重新看待急速的心跳一样，它是一个小选择，但对你如何体验压力，有着超出预期的巨大影响。

（四）转化压力：变自我关注为更远大目标

当在工作或人生的任何重要领域感到压力时，就问问自己："我更远大的目标是什么？""这是个为目标服务的机会吗？"

如果你很纠结，不知道如何寻找远大目标，就花点时间思考一下以下问题：你想给周围的人带来怎样的积极影响？生活或工作中，什么使命最激励你？你想为这个世界贡献什么？你想创造什么样的改变？

（五）转化压力：化孤立为基本人性

当你在痛苦中感觉孤立或孤独时，试着与基本人性进行联结。

最初，想到自己的状况时，允许自己感受任何想法和情绪，承认背后的所有痛苦：焦虑、生理疼痛、生气、失望、自我怀疑或悲伤。

然后思考这些痛苦是基本人性一部分的可能性。像你一样，无数的人都知晓痛苦、遗憾、悲伤、不公、生气或害怕的滋味。这有助于让你想到一些例子——那些和你的情况不同，但包含同类痛苦或压力的情形。尝试对这些人抱有同理心，理解他们身处其中的感受。

每当我们感到痛苦焦虑时，习惯用下面的话来鼓励自己："愿每个人都找到勇气""愿我们找到平和""愿我们相互支持共渡难关""我们并不孤单"。

这样，你会带入一些希望和勇气。

（六）转化压力：化痛苦为资源

回想一段过去的压力体验，你成功坚持下来或者从中学到了重要的东西。花点儿时间想想，这段体验让你了解了自己有何优势。然后，定个时间，用 15 分钟的时间记录那段经历，回答下面任何一个，或者全部问题：你做了什么，帮助自己挺了过来？你运用了哪些个人资源，发挥了什么优势？你寻求信息、建议或者别的支持了吗？关于如何应对困难，这段经历教会了你什么？这段经历是如何让你变得更强的？

现在，想想你正在挣扎的一个情况。你能够在当前的情况下，运用哪些资源和能力？你想发展哪些应对技能或能力？那样的话，你可以开始做些什么，将这个情况当作成长的机会？

通过回答上面的问题，你会发现每一次压力体验都是一次个人成长。成长的过程是痛苦的，但结果是美好的。

四、管理者如何提升自控力

有研究表明，那些在生活工作中能够很好处理压力的人，往往是自控力很强的人。每个人都知晓自控力的重要性，有句话说得极好：“胸中藏有大志者，往往具备较强的自控力。”

巴菲特曾说：“如果你在小事上没办法约束自己，你在大的事情上也很可能不能约束自己。”自控力对于我们每个人来讲，都是极为重要的，更是每一位管理者能够很好处理压力的基础。

（一）自控力的三种表现

大家先思考一个问题：如果让你说出一件最需要意志力的事，你首先会想到什么？对于大多数人而言，最大的考验莫过于抵制住诱惑。

比如你正在减肥，就必须抵制住美食的诱惑；你正在健身，就必须抵制住懒惰的诱惑；你正在学习，就必须抵制住偷懒的诱惑。因此，当你觉得自控力差的时候，通常指的是：当嘴巴想吃美食、身体想休息、大脑想玩的时候，你没办法对这些身体的需求“说不”。

“说不”属于自控力的一部分，而且是不可或缺的一部分。“说不”是全世界拖延症患者最喜欢的两个字。实际上，对于你打算拖到明天或是下辈子再做的事，你得学着“说要”。就算你心里再焦虑不安，就算电视节目再魅力难挡，自控力都会逼着你“今日事今日毕”。即使你并非心甘情愿，它也会逼你完成必须做的事。这就是“我要做”的力量。

“我要做”和“我不要”是自控力的两种表现，但它们并非自控力的全部。要想在需要“说不”时“说不”，在需要“说好”时“说好”，你还得有第三种力量：牢记自己真正想要的是什么。你可能会说，“我真正想要的是抽支烟、再喝一杯酒、好好休个假”，但面对诱惑和拖延时，你得想清楚：你真正想要的是身体健康、升职加薪、不要欠债、家庭美满、远离麻烦。只有想到这些，才能遏制一时冲动。想要做到自控，你就得在关键时刻明确自己的目标——这就是“我想要”的力量。

自控力就是驾驭“我要做”“我不要”和“我想要”这三种力量。如果驾驭得当，它就能帮你实现目标，还能让你少惹是非。人类相当幸运，因为大脑赋予了我们这三种力量。能够施展这三种力量，恰恰体现了人类的优越性，因为动物是没有自控力的。

自控力不仅区分了人和动物，也区分了每个人。每个人的自控力都是与生俱来的，但有些人的自控力更强。无论从哪个方面看，能够更好地控制自己的注意力、情绪和行为的人，都会活得更幸福。他们的生活更快乐，身体更健康，人际关系更和谐，恋情更长久，收入更高，事业也更成功。他们能更好地应对压力、解决冲突、战胜逆境。

（二）哪些因素会削弱自控力?

自控力与大脑、心率，甚至多巴胺都有很大的关联。大脑的首要功能是获取能量，而非保证做出明智的决定。自控力在所有大脑活动中消耗的能量最高，为了保存能量，大脑不愿意提供充足的能量去抵制诱惑、集中精力、控制情绪。此外，大脑的前额皮质会帮你找借口，告诉你“以后再坚持，先休息一下没关系”。再来看心率，实验表明，心率变异度较高的人能更好地集中注意力。心率容易受到压力的影响，比如环境质量差、声音嘈杂、抑郁、愤怒、疲惫、诱惑、威胁、冲动、常吃垃圾食品、疾病等。这些因素都会使心率的变异度降低，进而导致我们的意志力薄弱。

（三）如何提高自控力?

自控力虽然与各种因素相冲突，但是通过一定的训练，自控力能得到很好的提高，接下来分享几个提升自控力的方法：

1. 睡眠

充足的睡眠可以让大脑的前额叶得到休息，从而恢复你的意志力。睡眠时，身体就会用大量的健康细胞去取代腐败的细胞，如一夜睡不着就更新不了新细胞。如果说白天消亡一千万个细胞，一晚上只补回来一百万个细胞，这时你的身体就会出现能量亏空；时间长了，身体就会受到极大伤害。睡眠有几个需要注意的方法：

① 睡觉前先进行简单的压腿锻炼，之后可以进行冥想，到了想睡觉时倒下便睡。最好在晚上 10 时前入睡，一个成年人每天至少要睡 7 ～ 9 小时。

② 仰卧，自然呼吸，感觉呼吸像春风，先“融化”大脚趾，然后是其他脚趾，接着脚、小腿、大腿逐渐“融化”；如还未睡着，再重复此过程。

③ 入睡难的人可选择右侧卧，右手掌托右耳，这个姿势很容易使人入睡。右掌心属“火”，耳属“水”，二者形成“水火既济”，在人体中形成“心肾相交”。久而久之，还能养心滋肾。

④ 正午时需要入睡，只要闭眼真正睡着三分钟，等于睡两小时。需注意正午的时间，上午 11 时到下午 1 时为午时，故正午指中午 12 时。

⑤ 夜晚则要在正子时睡着，五分钟等于六小时。子时指 23 时至 1 时，正子时指的便是 24 时，你需要让大脑在夜里 24 时彻底进入梦乡。

2. 冥想

研究表明，冥想有助于减轻压力、增加专注力并提高记忆力。因此，当今一些成功的商业领袖都会依靠这种习惯来助力自己的事业蓬勃发展。比如：曾任甲骨文公司副总裁的贝尼奥夫在接受媒体采访时说，在甲骨文工作期间，他养成了冥想的习惯。他声称，作为一个一直对“保持头脑清醒”感兴趣的人，冥想帮他缓解了当时的一些工作压力。贝尼奥夫指出，冥想的这种习惯帮他保持了一种在做任何决定之前都能仔细倾听的态度。还有苹果的创始人乔布斯，他每次在做重要抉择前，譬如产品的取舍，他都会先闭目静坐进行冥想，之后叫属下将相关产品的设计一并放到禅垫的周围，他来决定选择哪个、放弃哪个。这种由冥想带来的直觉，帮助乔布斯获取了大量的灵感。那么，冥想的方法有哪些呢？

① 首先找到一个安静的空间；

② 盘腿坐下来，放松身体；

③ 摆好姿势，闭目开始呼吸；

④ 每天闭目呼吸的时间最好在 20 ～ 30 分钟之间，每分钟呼吸的频率在 4 ～ 6 次，每次 10 ～ 15 秒；

⑤ 每次冥想，同一时段只专注同一件事。

如果你很难集中精力去专注一个事情，也不必排斥其他想法的出现，更不要试图控制那些不希望出现的想法和情绪，任由它存在；当这些想法结束后，再次回到专注的这件事情上来即可。呼吸最主要的作用就是：能量的交换。良好的呼吸可以促使你更好地进行冥想。

3. 锻炼身体

锻炼身体是缓解压力最有效的方法之一。当你觉得自己意志力薄弱的时候，就需要先停下来，做一些锻炼：

① 可选择一个安静的或空气清新的空间；

② 慢跑或者听些舒缓的音乐；

③ 与他人一起做一些放松的游戏或活动；

④ 每天多次，每次约 5 分钟。

4. 延迟满足

1960 年，美国斯坦福大学心理学家沃尔特·米歇尔曾做过一个实验：他把一些 4 岁左右的孩子带到一间陈设简陋的房子，并且给每个孩子一颗非常好吃的软糖，同时告诉他们：如果马上吃软糖，只能吃 1 颗；如果 20 分钟后再吃，将再奖励 1 颗软糖，也就是说，总共可以吃到 2 颗软糖。有些孩子看到软糖急不可耐，马上把软糖吃掉；有些孩子则能耐心等待，暂时不吃软糖。这些孩子为了使自己耐住性子，或闭上眼睛不看软糖，或头枕双臂自言自语……结果，这些能耐心等待的孩子最终都吃到了 2 颗软糖。

实验之后，研究者进行了长达 14 年的追踪，一直到他们高中毕业。跟踪研究的结果显示：那些能等待并最后吃到 2 颗软糖的孩子，到了青少年时期，仍然能够等待机遇而不急于求成。他们具有一种为了更大更远的目标而暂时牺牲眼前利益的能力，即自控能力。而那些急不可待只吃 1 颗软糖的孩子，在青少年时期，则表现得比较固执、虚荣或优柔寡断。当欲望产生的时候，无法控制自己，一定要马上满足欲望，否则就无法静下心来继续做后面的事情。换句话说，能等待的那些孩子的成功率，远远高于那些不能等待的孩子。所以想更好地管理自己的人生，一定要学会延迟满足。延迟满足的本质是：当你等待奖励的时间越长，奖励本身对你的吸引力就越低。一旦你和诱惑源有了距离，大脑的自控系统就会重新掌控局面。延迟满足有哪些方法呢？

① 面对诱惑时，先安排 10 分钟的等待时间：比如你在减肥，但很想吃一袋薯片，这个时候你就可以告诉自己，等 10 分钟之后我再吃这袋薯片，10 分钟后你对薯片的渴望程度便会减弱。

② 设置屈服于诱惑的代价：比如还是上面减肥的例子，你在减肥，但很想吃一袋薯片，这个时候你就可以告诉自己，如果吃了这袋薯片，自己之前所有的努力就都会白费了，而且还会使体重越来越重——这样可以给

大脑一个提示，使眼前吃薯片的即时快感显得不再那么诱人。

③ 想象未来成功时的自己：给自己“预设”一个未来的成功记忆，同时尝试着跟“未来的自己”对话，始终想象自己未来成功时的样子。

最后总结一下，自控力实际上就是控制自己的意志力，而意志力究其根本是一种让你抑制住诱惑和冲动的能力。意志力易受到心理和生理的影响，想控制意志力需要掌握一些方法：充足的睡眠、冥想、锻炼身体、延迟满足。

第三节
管理者的情商管理

“情商”是我们在工作生活当中常常提及的名词。我们经常会谈论：这个人特别会说话，他的情商很高；这个人做事比较圆滑，他情商很高；这个人从来不得罪人，他情商很高……但我们所看到的这些只是情商的表象，究竟什么是情商，我们又如何来提升自己的情商呢?

一、情商的定义

情商一词由美国的心理学家彼得·萨洛维和约翰·梅耶在 1990 年首先提出。他们认为：情商就是情绪智力，包括个人的恒心、毅力、忍耐、直觉、抗挫力、合作精神等方面的内容；情商与人的心理素质密切相关，它是一个人感受、理解、控制、运用自己以及他人情绪的一种情感能力。

哈佛大学心理学博士、著名的心理学专家、被人称为“情商之父”的丹尼尔·戈尔曼，提出情商比智商更能影响成功。

个人成就 =20% 智力因素 +80% 非智力因素（核心是情商）

所谓“会做人、会做事”，就是通常所说的“情商高”；而“脑子聪明、有才华”，则是“智商高”。有人甚至将智商与情商的关系总结成顺口溜：“智商高，情商低，怀才不遇；智商低，情商高，贵人相助；智商高，情商高，春风得意”。

很多人认为，那些会说话、会沟通、长袖善舞、八面玲珑的人就是情商高的典范，但是自己却学不来。那是因为他们只看到了情商的表象（即部分“商数”的指标），而忽略了情商的根本——人的情绪和情感。情绪是对内外界刺激的即时反应，情感则是相对长期的、多种情绪的统合。按照精神分析理论的观点，人的情绪和情感是动机的源泉，也就是所谓的“冲动”。

没有冲动的人与机器无异却不及机器智能，冲动妄为的人与动物无异却不及动物灵敏。丰富的情绪和复杂的情感对人类来说，既是特有的财富，也是艰巨的挑战。

情商（emotional intelligence/emotional quotient，EQ）的本义是描述一个人如何管理自己的情绪，以及如何对他人的情绪和情感做出反应的能力。这是一种极为重要的技能。情商较高的人拥有对生活的掌控能力，这些能力或许并不是那么显而易见，但却非常实用。例如，处理冲突、理解并回应他人的需要、管理自己的情绪、避免情绪过度宣泄给他人带来不便。所以，情商实际上体现了人在情绪、意志、耐受挫折等方面的品质。计算情商（EQ）分数至少要有这些加分项：自我意识、控制情绪、自我激励、认知他人情绪和处理相互之间的关系。

当你了解了情商的真正含义，你就会知晓，很多人对情商的理解其实都只停留在表层。有时候我们说一个人性格有缺陷，其实就是情商不够。情商高的人有着更清晰的自我认知能力、更高的情绪管理能力以及更和谐的人际关系。这些特质转换成日常工作与生活中的表现，就是情绪稳定、容易沟通、个性修养好、为人可靠。

应该从哪些方面来提升我们的情商呢？其实情商可以分为两个部分、三类能力、五个具体方面，可进一步通过表 3.2 学习、理解。

表 3.2 情商的构成

<table>
<tr><th>两个部分</th><th>三类能力</th><th>五个具体方面</th></tr>
<tr><td rowspan="3">自我情绪控制能力
（避免自己情绪不佳）</td><td rowspan="2">情绪认知</td><td>认知自身情绪的能力</td></tr>
<tr><td>认知他人情绪的能力</td></tr>
<tr><td rowspan="2">情绪控制</td><td>管理自身情绪的能力</td></tr>
<tr><td rowspan="2">对外输出情绪能力
（让他人情绪更好）</td><td>管理他人情绪的能力</td></tr>
<tr><td>情绪利用</td><td>激励自我、激励他人</td></tr>
</table>

二、情商的两个部分

（一）自我情绪控制能力

为什么控制情绪对我们那么重要？套用一段流行的话：“一流的人有能力，没脾气；二流的人有脾气，有能力；三流的人既有脾气，又没能力”。“脾气”是我们情绪的充分体现，从心理角度而言，情绪牵涉到我们心智的成熟以及身心的健康。

1. 人需要控制情绪，是因为情绪是我们心灵的反应

心理学认为，情绪是人类整体的应激反应，包含生理、认知和行为三大组成部分。

但是倘若我们不控制情绪，任情绪泛滥，情绪则具有强大的破坏力。例如，发泄情绪会让我们原本平静的情绪增强，同时会损害我们的身体；也会影响人际关系，最终让我们得不偿失。

控制情绪是心智成熟的人与心智不成熟的人的典型区别。懂得控制情绪的人懂得观察自我情绪，了解情绪的来龙去脉；而不懂得控制情绪的人，则完全停留在自我本能。

另一方面，心理学研究发现，情绪平和时是决策最有成效的时候，而冷漠与过激的情绪都会降低我们的理性水平。

2. 情绪与我们的身体健康息息相关

人身体的各个部分都在心的指挥下有条不紊地分工合作，维持着人的生命活动。如果心情好，整体而言各个器官就会彼此非常协调，身体也就不会有什么大病。但是一旦心情不好，那么各个器官工作就会相互冲突。如果不呵护自己的心，整日思虑过多、暴饮暴食、起居无度、运动不当，一旦超过身体可承受的负荷，那么心也会负担过重，导致身心失衡。

医学研究表明，人的各种疾病和负面情绪密切相关。心理专家指出，情绪是疾病之源。想要拥有真正的健康，不能仅仅依靠吃补品、看医生，更需要学会与人相处，拥有调整自己情绪的能力，也就是提升“幸福力”。人生应该学的第一门功课就是情绪管理：负面情绪是疾病之源，管理情绪就是管理健康。除了要学会与负面情绪共处，还要掌握培养积极情绪的能力；掌控了情绪就把握了命运，掌控了情绪就把握了幸福。《黄帝内经》中就有“恐伤肾，悲伤肺，怒伤肝，忧伤脾”的记载。只是现代医学找到了科学的证据，让人们能够看到这个变化的路径，而实际上人类能够理解和看到的还很有限。管理情绪就是管理健康、管理生命、管理幸福。

3. 积极情绪能增强人体免疫力

心理学研究发现，积极情绪能增强人体免疫系统功能。因为情绪发生时，神经递质和激素被释放，能对免疫细胞产生作用。例如，开怀大笑 100 次相当于踩单车 15 分钟的有氧运动量。笑声能使人卸去多余的压力，保护血管内壁，从而降低心脏病发作的概率。当人哈哈大笑时，需要调动身体内超过 400 块肌肉，因而还能有效消耗热量。心怀感激则能帮助我们减轻压力、缓解焦虑症等。这就是我们需要控制情绪的重要原因。因为控制好情绪是我们内心成熟的表现，也是我们身体健康的需要，同时还是我们预防疾病的重要方式，希望每个人都能控制好自己的情绪。

（二）对外输出情绪能力

对外输出情绪，即为情绪的表达。情绪的表达方式从低级到高级可分为四个层次：躯体表达、行为表达、语言表达和象征性表达。

1. 躯体表达

如今大家都知道很多疾病属于身心疾病，如癌症、高血压、胃溃疡、免疫系统的疾病等。为什么明明是身体上的疾病，却说它跟心理沾边了呢？因为这些疾病背后，是无法表达情绪的压力在作祟。当情绪不能得以表达时，它并非就此消失；而是成为各种压力积存于身体里，对身体器官进行攻击，最终以疾病的方式呈现出来，心理学上将这种情况称作“躯体化”。

2. 行为表达

例如，一个人气急了拿起杯子就摔了，这便是用行为在表达情绪。行为表达比躯体表达要成熟一些，因为当用行为表达情绪时，当事人能够感受到情绪；而用躯体表达时，当事人有时根本无法清晰地感受到那些情绪的存在。但常用行为表达情绪的人，也会承受各种破坏性的后果，如人际关系变得紧张：因为他无法清晰描述自己的情绪，所以别人也难以很好地理解他，这会让他更难以感受和述说自己的情绪，也就难以获得理解和帮助，渐渐地与周围人的关系就会被破坏，周围的人也会感觉很受伤。

3. 语言表达

这是相对成熟的表达方式。人们能够用语言清晰表达出自己的情绪，至少经历了感知情绪、评估关系的安全度、组织语言表达等内在心理过程。因此，用语言表达出情绪，并非易事。很多人无法用语言表达，是因为对于关系缺乏足够的安全感，宁愿忍耐也不表达。而忍耐的结果，要么伤害自己，要么因为暴戾而伤害他人。动力性（精神分析取向）心理咨询中很重要的工作，就是帮助求助者发展用语言表达的能力，因为一旦能够用语言表达出来，释放掉压力，就不必用行动去表达，也不必伤害到身体了。

4. 象征性表达

这是十分成熟的一种表达方式。例如，大地震中失去家园的孩子，用积木不断搭起一座房子，推倒，再重新搭起来。在这个过程中，孩子在用象征性的方式表达对于失去与重建家园的种种感受。

当人们对情绪的功能了解得越多，就越能体会到需要培养自身体验情绪、理解情绪的能力；当人们对情绪越熟悉、理解越深刻时，人们对情绪的管理能力才越强。良好的情绪管理能力，还源于我们对自我、对他人的态度：我们越有能力爱自己，就越有能力爱他人。当人格中有足够多对生命的接纳与尊重时，我们也就有能力选择更好的方式管理情绪。

三、情商的三类能力和五个方面

（一）情绪认知

1. 认知自身情绪的能力

认知自身情绪，就是随时监测自身情绪的变化，能够察觉出某种情绪即将出现，并随时观察和审视自己的内心世界。认识自身情绪是情商的核心，因为只有认识自己，才能成为生活的主宰。

人有九类基本情绪：快乐、温情、惊奇、悲伤、厌恶、愤怒、恐惧、轻蔑、羞愧。快乐和温情是正面的，惊奇是中性的，其余六个都是负面的。由于负面情绪占绝对多数，因此不知不觉就会陷入不良情绪状态。我们的目的就是要塑造阳光心态，把快乐和温情这两个好情绪调动出来，使大家经常处于积极的情绪之中。心情具有两极性，好的心情才会产生积极力量，使人喜悦、生气勃勃、沉着、冷静，缔造和谐。

2. 认知他人情绪的能力

认知他人情绪就是能够通过细微的社会信号，敏感地感受到他人的需求与欲望。认知他人的情绪是与他人进行正常交往、友好沟通的基础。

认知他人情绪是情商中极为重要的一部分。不过认知他人情绪不仅要能够理解他人的情绪状态，还要能够在理解的基础上给出恰当的反应。比如，你感受到某人正处于悲伤或者失望之中时，这就会决定你对他做出的回应。你可能会更关心、更照顾他，或者努力使他开心起来。

觉察自己的情绪相对容易，而觉察到别人的情绪并且接纳别人的情绪却并非易事。有时候我们看到别人有情绪，就贸然对他说："你看起来好像很生气。"对方不仅没有被安抚，反而因为我们讲了一句"废话"而更加气愤，这说明我们的体察不够准确。如果我们能知道他愤怒的背后往往是无助和创伤，我们就不会去跟他愤怒的表层对话，而当对方知道我们能够读到他的无助时，对方就根本不需要再用愤怒来对抗了。

认知他人情绪的能力也可以说是共情能力。小女孩儿玩布娃娃的时候，说布娃娃哭了、笑了，其实就是在尝试着产生共情。幼年时期这种以"我"为中心的共情建立在自身情感体验的基础上，将心比心，认为在相同的情境下别人也可能会有跟自己一样的情绪。长大后，随着社会阅历的增加，我们开始了解到人与人之间的不同，同样的事件、同样的环境下，带有各自过去经验与假设的你、我、他很可能会有不同的情绪反应。这个时候就需要站在他人的角度上、以他人的立场和经验去解读对方的情感，这样才能给出恰当的回应。

（二）情绪控制

1. 管理自身情绪的能力

除了认识到自己的情绪及其对他人的影响外，提高情商还需要能够调节与管理自己的情绪。这并非意味着要把情绪禁锢住或者隐藏自己的真实感受，而只是等到恰当的时间、地点，用恰当的方式表达出来。自我调节是恰当地表达情绪。那些擅长自我调节的人往往都能灵活应变。他们也能够很好地处理冲突、驱散紧张尴尬的氛围。戈尔曼认为这些具有很强自我调节能力的人也具有很强的责任心。他们会考虑到自己对别人的影响，并对自己的行为负责。

情绪管理最重要的一点就是要接纳它。情绪没有好与坏，每一种情绪都会给我们带来一个信息。比如愤怒，一般觉得愤怒是不好的，其实愤怒让人们意识到自己的安全、信念、利益等受到了威胁。愤怒是一种自发的、防御性的情绪反应，不好不坏，也好也坏。一方面，愤怒使人的注意力高度集中，进入生理应激状态，调动全部的能量和智慧去应对眼前的情境。人们认为要克制愤怒，因为愤怒会引发冲动行为。而所谓的冲动行为，其实是人类基于天生的情绪反应对于得失利弊的选择，这样的选择并不总是错的。愤怒可以激发我们采取行动捍卫自己的根本权利。比如，近代日本侵略中国时，如果中国人没有义愤填膺、奋起反抗，今天的中国会是怎样的呢？另一方面，压抑愤怒、忍气吞声的方式常常有不得已而为之的缘由。虽然理性上可能满足了利益最大化的需要，但从情绪管理的角度来看，用委屈替代愤怒并非理想的方式。凡是不利于身心健康的情绪处理方式和结果，都不是我们进行情绪管理的最佳结果。

情绪管理并不等于自我压抑。克制和忍耐在很多人看来是理所当然的情绪处理方式，比如在不该发脾气的时候（发了脾气会使当时的状况恶化）压抑着不发。可是这个“理性”的选择往往并不能奏效，“不在沉默中爆发，就在沉默中灭亡”。由于攻击性的能量得不到释放或转移，长期压抑情绪的结果是身体会受到攻击，容易生病。

进行情绪管理也不要期望很快就能消除情绪，情绪作为一种防御性反应，是有原因的。情绪的产生和消散，都需要一个自然而然的过程。与其强行压制情绪反应，不如让情绪保持流通，比如通过转移注意力来转换心情。女人们心情不好的时候去逛街，就是通过欣赏或购买喜欢的衣物来转换自己的心情。大多数人都有自己调整心情的方式，有的见效快（如向朋友吐槽、有氧运动），有的见效相对慢一些（如静思）。快与慢不是评判情绪管理好坏的标准，情绪调节的主要目的是不让自己在一种负面情绪里停滞不前，不让不良情绪制造不良后果。好的情绪管理是去体察情绪产生的深层原因，去发现每一种情绪问题背后的正面意义。

所谓情绪管理，就是要创造一个内在空间，去聆听它、接纳它。不仅接纳自己的情绪，也接纳他人发泄在我们身上的脾气。因为每一个情绪都会给我们一个信号，愤怒让我们意识到可能需要保护自己，悲伤让我们意识到我们内心深处可能有一些伤痛、创伤需要疗愈。情绪就像我们的朋友传达过来一个信息，朋友没有对错，只是给我们带来一个信息，我们可以把它（信息）变成一份礼物。下次感到气愤难当的时候，不妨先跟自己沟通一会儿，告诉自己："我可以愤怒，我的愤怒是有道理的。"当你的头脑中闪过愤怒的理由，愤怒好像不见了，取而代之的是理性的思考。同样，你的客户愤怒，你的上司愤怒，你不用跟他争执，你只要看着他的眼睛告诉他："你看起来很生气。"对方的情绪立刻就会得到缓解，因为他的愤怒被你接纳了。

控制自身情绪的三个方法：

（1）转移注意力，避免受到刺激

若发生悲伤、忧愁、愤怒时，人的大脑皮层往往会出现一个强烈的兴奋灶。如果能有意识地调控大脑的兴奋与抑制过程，使兴奋灶转换为抑制平和状态，就可能保持心理上的平衡，让自己从消极情绪中解脱出来。例如，当自己苦闷、烦恼时，不要再去想引起苦闷的事，尽量避免烦恼的刺激；有意识地听听音乐、看看电视、翻翻画册、读读小说等，主动转移注意力。这样就能够把消极情绪转移到积极情绪上，淡化乃至忘却烦闷。再如，遇到难解的事，先不要想它，可让自己的思维长上翅膀，自由畅想，到幻想世界中去遨游；也可与他人漫无边际地畅谈，免得在难解的事上钻牛角尖，给自己带来无端的烦恼。这样随着时间的推移，能心平气和地解决难题，化解矛盾，往往能收到较为满意的成效。

（2）理智控制，自我降温

理智控制指的是用意志和素养来控制或缓解不良情绪的爆发，自我降温指的是努力使激怒的情绪降至平和的抑制状态。也就是说，凡是有理智的人能及时察觉到自己情绪的变化，当怒起心头时，马上意识到不对，能迅速冷静下来；主动把控自己的情绪，用理智减轻自己的怒气，使情绪保持稳定。林则徐在自己书房内挂着"制怒"的条幅，那是为了提醒自己及时控制情绪；俄国著名作家屠格涅夫劝告吵架的人之前，先把舌尖在嘴中转 10 圈，就是这个道理。

（3）宽宏大度，克己让人

“心底无私天地宽”，“宰相肚里能撑船”。有气度的人，胸襟开阔、奋发进取、具有团队协作精神；而气度小的人，则满腹幽怨、斤斤计较，以至于落得孤家寡人的地步。生活中，喜乐悲忧都会存在。所以人人都要注重涵养，消除郁郁寡欢的心境和私心杂念，对易激怒自己的事情，要用旷达乐观、幽默大度的态度去应对，才经得起挫折。这往往能够使一件原本紧张的事情变得比较轻松，使一个窘迫的场面在幽默笑语中化解。

“牢骚太盛防肠断，风物长宜放眼量”。心理学家鼓励人们消除消极情绪的困扰，要有正常健康的反应情绪。做到遇到忧愁而能自我开解，身居逆境而能超脱，这样才有益于你的身心健康。

2. 管理他人情绪的能力

这里所说的管理他人情绪，其实就是妥善处理人际问题，与他人和谐共处。随着社会的发展，在专业分工越来越精细的情况下，人与人之间的相互协作已变得愈发重要。社会的发展、人类的进步都呼唤团队合作、相互尊重、相互信赖和相互协作。

那么，如何与人相处呢？心理学提出很重要的两点：“无条件积极关注”和“真诚”。

“无条件积极关注”就是对他人不能视若无睹，要无条件地关注他人的言语、行为和需要，更不能过分地厌恶他人。

“真诚”简言之就是以诚待人、接纳他人，真诚地与他人合作。一个人如果为人处世表里不一，必定会影响与他人合作的基础，进而影响自己的人生。

人际关系处理得当，会为你积累良好的人脉；好的人脉是成功路上的加速器，能让人更稳健地走向成功。

（三）情绪利用

所有的情绪在本质上都是某种行动的驱动力，即进化过程赋予人类处理各种状况的即时计划。情绪（emotion）一词源自拉丁语“motere”，意为“行动、移动”，加上前缀“e”表示“移动起来”的意思，这表明每一种情绪都隐含着某种行动的倾向。情绪引发行动，这在动物或儿童身上体现得最为显著。情绪是深层的驱动力，在广义的动物世界中，只有在“受教化”的成年人身上，才会频繁出现情绪与反应存在较大偏差的现象。

1. 激励自我

激励自我指的是人服从于某个目标而调动、指挥情绪的能力。任何方面的成功都要求人必须具备情绪的自我控制、延迟满足、压抑冲动的能力，能够自我激励、积极热情地投入，才能够保证取得杰出的成就。自我激励的人能够掌控自己的愿景、价值观、目标、希望，控制自身保持激情朝着愿景和目标迈进。

2. 激励他人

先来了解一下当下颇为火热的一个词，叫作“情绪价值”[1]。情绪价值的范畴其实相当宽泛，情绪价值涵盖了正向情绪价值和负向的情绪价值；而大家所提及的情绪价值，通常都是正向的情绪价值，也就是给人带来一切美好感受的能力，能引发正面情绪的能力。

某市一个路口的红绿灯变了样，随后这里就成了网红打卡地。在这里等着过马路的行人，面对的不再是红绿灯上一个静止的符号，而是一颗跳动的红心。等待这颗红心变绿的过程，会令人浮想联翩。这个符号是爱的象征，爱可能会晚一点到，但一定不会缺席。

这是一个极为浪漫的提示——面对爱情的到来，我们需要做的，就是静静地“等待”。在这个快节奏的一线城市，人们一味追求效率、质量、规模，却似乎忽略了坚硬的外壳之下，其实还有一片柔软的天地。正是因为这盏爱心状的红灯，让我们在忙碌的间歇，感受到了内心的柔软。也正是因为有了这些柔软，才支撑起了整个生命。

这个红绿灯的设计师，凭借这个简单的创意，舒缓了等待红灯的行人的焦虑，成功地用情绪价值取悦了他人。

如何提高情绪价值来激励他人：

（1）减少负面反馈

有很多人拥有一种特殊的“一句话气死人”的添堵能力。先把这些错误的表达习惯抑制住，别做负面情绪的制造者，再考虑怎么提供情绪价值。

① 指责：都是你的错！就是因为你。

② 打压：你不行，你看看你的 ××、××、×× 都不行。

③ 负面预判：按我对你的了解，这事你去做一定没有好结果。

④ 恶意揣测：你是不是故意气我的？你是不是故意这样做的？

---

[1] “情绪价值”指个体为他人带来的情绪上的积极或消极影响。积极的情绪价值如温暖的陪伴、真诚的赞美、贴心的安慰，能让人心情愉悦、充满力量。反之，消极的情绪价值如指责、抱怨，会使人情绪低落。在人际关系里，提供高情绪价值能增强彼此的联系与信任。在职场中，懂得给予同事积极情绪价值，有助于营造良好工作氛围。它在我们的生活中无处不在，对个人的幸福感和社会的和谐发展都有着重要影响。

⑤ 阴阳怪气：不会吧，不会真的有人整天阴阳怪气吧！

如果你的表达习惯里有上述这几项，建议你尽快纠正，别让这些习惯影响你的感情。

（2）增加积极反馈

说完反例说正例，怎么反馈才能给对方提供情绪价值呢？

① 积极关注：哎呀，今天你这身衣服真好看；不会啊，我感觉你这报告写得挺好的啊！

② 赞美细节：你这衣服真好看，这款式和布料感觉好高档，真让人羡慕。

③ 正面词汇表达：我喜欢 ×××，如果能这样调整，我会更开心。

④ 提供建设性意见而非消极意见：再考虑下，这个会让你的想法更容易落实；这个方案的不足是 ××，需要调整 ×× 才能规避这个风险。

这些关注积极正面内容的反馈方式，能够引导别人把注意力转移到积极的事物上。认知影响情绪，这本身就是在给别人做心理咨询。

（3）给予认同感

现代社会多数人缺乏存在感、认同感，用通俗的话来说，就是缺乏展示自己的舞台，也缺乏对人生高光时刻的聚焦。比如你完成了某个特别复杂的任务，很开心地去跟老板说，但老板只关心其余的项目进度；跟同事说，同事敷衍地夸两句后就关心你有没有精力帮他的忙；回家跟对象说，对象只顾着看大众点评关心晚上吃什么；打电话跟父母说，父母听不懂，只关心你什么时候有空回趟家。于是你会感受到满满的挫败感和虚无感，尽管你明明在工作上小有所成。那么这些人要怎么做才能让你体验到被认同呢？比如你老板，他关心了更多项目细节和你在关键节点的思考，再诚恳地说一句"这个项目确实干得漂亮，辛苦你了"，那你就会心满意足了；比如你同事，问了更多细节后，表达对你的羡慕和崇拜，然后让你有机会时他请你吃饭，想请教你一些问题，那你也会心满意足；比如你对象，放下手头的事，努力问更多细节，理解你的项目有多难以及你做得有多好，最后反馈"虽然不太了解具体有多难，但大致能明白，果然你是最棒的"，你也会心满意足；比如你父母，他们听不懂所以直摆手："这些我听不懂，不过我的孩子哪里有可能差的"，你也会心满意足。从上面这么多例子，我们就可以直观地看出认同感到底要怎么给别人了。

询问更多细节：这个是什么意思？这是怎么办到的？你为什么要这样做？

根据自己对内容的理解程度和双方关系的远近亲疏，给予正面反馈。

认同感是一种稀缺资源。如果你有制造舞台的能力，那很多人都会为了登台表演，而跟你进行价值交换。

（4）允许心态

上面的方法，皆为技术。而在道的层面，最核心的情绪价值，就是“允许”的能力。允许什么呢？允许外界的人或事物没有依照你的预期发展。比如允许男朋友约会迟到半小时，允许父母想干涉你们的感情，允许公司克扣自己的工资。你或许会认为，这不就是一味妥协吗？分析一下，之所以要允许上面这些事情，是因为无论你允许与否，这些事都已经发生了，你的负面情绪毫无作用。你可以跟男朋友讨论下次能不能准时，你可以跟父母讨论你对感情的看法，你可以跟公司商议工资结算方式。但上面的这些事情里，需要的是理智而非情绪，情绪越多越容易坏事，所以需要允许。而且退一步说，人生不如意十之八九，总有些事情既不如意又无法改变；你要是因为那些无法改变的事情而变得整天怨气冲天，那吃亏的只能是你自己。允许的能力越弱，你内在的世界就越小，别人随便一个举动就能在你的小世界里掀起惊涛骇浪，那你自然就只能一直忙于索取外界的情绪价值，不可能反馈情绪价值给他人。而允许的能力越强，你内在的世界就越大，他人的风暴，于你而言只是浩瀚宇宙中的一阵微风，那你自然就拥有了近乎无尽的情绪价值。

四、情商与领导魅力

（一）领导者的情绪劳动[1]

每个人都需要管理好自己的情绪，让其尽可能不对自己或他人产生负面影响，同时最好还能推动我们工作任务的完成。如果下属难以做到，就需要领导者运用自身的情商帮助下属达成这一目标。

管理情绪以达到高情商表现，是一件同时耗费脑力与体力的事，属于一种特殊劳动。领导者的影响力越强、影响范围越大，所要进行的情绪劳动就越多。比如一位领导说：“我每天到单位都必须精神饱满、斗志昂扬，这样下属们看到了才有干劲。哪怕我今天不高兴、很受打击，也不能表现出来。我必须把自己调动起来……”管理、调动好自己和他人的情绪，是领导者必做的任务，是领导者的情绪劳动。情绪劳动与其他劳动一样，会消耗能量，使人疲倦。

[1] 情绪劳动是指员工在工作中为表现出令组织满意的情绪状态。它是与情感相关的概念，对组织行为有重要的影响，是工作绩效的一个关键构成要素。情绪劳动尤其在强调人际交往的工作中十分重要，因此，在管理、销售以及其他需要频繁接触他人的岗位中，有效管理情绪的能力与情绪劳动的合理运用对这些岗位的成功至关重要。

情绪劳动是心理、生理的连锁反应。脑干组织中的杏仁核调控着我们的情绪，控制着我们的行为。情绪智力的核心是杏仁核的工作机制与大脑皮层的协同互动。我们经常体验到的每一种情绪，都会引发独特的生物学特征反应。比如下列几种场景：

1. 人在生气时

心跳加快，肾上腺素激增，为四肢的行动提供充沛的能量驱动，比如携带着能量的血液快速流到手部，以方便抓起武器或攻击敌人。

2. 人在恐惧时

大脑情绪中枢的回路会释放出大量使身体保持警觉的激素，人的感觉会变得敏锐，为行动做好充分准备。血液会流到大块的骨骼肌，比如双腿，以方便逃跑，而且面部会由于血液的流失而发白（因此会有血“变凉”的感觉）。与此同时，集中精力分析当前的威胁，更有效地评估即将采取的行动。

3. 人在快乐时

主要的生理变化是抑制负面感觉，提升可用能量的大脑中枢活跃度，从而使产生忧虑情绪的大脑中枢趋于平静。此时的生理状态保持静止，身体能够得到正常休息，同时为所要完成的任务以及朝着目标储备充足的热情和力量。

4. 人在坠入爱河时

会唤起温柔的感觉与性满足感，同时还会唤起副交感神经，这和人在恐惧或生气时“战斗或者逃跑”的行动生理模式截然相反。副交感神经模式俗称“放松反应”，此时身体处于平静和满足的状态，易于合作。

5. 人在悲伤时

会降低生命活动的能量水平与热情，尤其是对娱乐活动或者享乐的兴趣降低。随着悲伤情绪的加深，会慢慢滑向沮丧，人体的新陈代谢就会减缓。这种内在的收缩会为个体创造机会哀悼损失或者幻灭的希望，领悟损失对人生的影响，并且在能量回升之后开始新的生活。悲伤的主要作用是帮助个体适应重大损失，比如亲人死亡或者极大的失望。

综上所述，人的情绪可以直接引发生理反应，还能调动体能，所以情绪劳动是脑力劳动与体力劳动的总和。一个领导者，如果经常需要调控自己在他人面前的情绪表现，就意味着他的身体机能可能时刻处于工作状态。

（二）有魅力的领导有高情商

什么样的领导是有魅力的领导？每个人的答案或许不尽相同，或许雄心勃勃，或许真诚可信，或许温文尔雅，或许能力卓著。无论你喜欢哪种类型的领导，都有一个共同点，即你坚信跟着他 / 她，你能够更加靠近理想的自己。

有一个真实的故事：耶鲁大学研究生院院长、心理学家沙洛维即将接受时任美国总统克林顿的接见，在会场外的停车场里，他不小心把自己的车横插在总统的加长豪车前面。保安冲他挥手要把他赶走，这时，豪车的车窗摇了下来，克林顿探出头来，对保安说这是他的朋友沙洛维院长。10分钟之后，总统正式接见了沙洛维。沙洛维想起刚才的一幕，心怦怦直跳，但是脸上还要勉强挤出一丝笑容。克林顿显然从他的面部表情中看出了他的紧张，微笑着迎上前来，紧紧握着沙洛维的手说："你不记得了吗？我们是老朋友了。你不用紧张，因为我是来这里拜见你的。"

2016 年沙洛维在北京大学发表公开演讲，谈起这桩自己亲身经历的糗事时说："实际上我们这对老朋友只认识了 10 分钟，而且不是他来拜见我，而是我去拜见他。"作为一位资深政治家，克林顿显然具有很高的情商，看出了沙洛维的面部表情所代表的情感。"我的嘴在笑，而眼睛没有笑。要知道，真正的笑容是眼睛和嘴都参与、发自内心的笑容。察言观色就是情商的一种表现，克林顿总统想帮助我管理我的情绪，让我感觉更好。"

克林顿作为一位曾经在美国大选中胜出的总统，毫无疑问是具有超凡的领导魅力的，而高情商恰恰是其领导魅力的一个重要保障。

《荀子 · 劝学》中说："玉在山而草木润，渊生珠而崖不枯。"即宝玉藏在山中，连山上的草木也显得滋润；珍珠产在深渊里，连崖岸也显得不干枯。情商就像宝玉和珍珠一样，存于领导者内心，不经意间展露于种种行为之中；让他人"感觉更好"，从而自发地信服、支持、追随他，这就是领导者魅力。

（三）善于管理情绪的人适合当领导

《三国演义》大多数人都读过，很多人借助其中的人物来研究做人做事的道理。比如，张飞其实死得很憋屈，他没有死在杀敌的战场，却死在自家的军营里。关羽被害后，张飞抑制不住哀伤，借酒浇愁，醉酒后鞭打士兵，要他们日夜赶制白旗白甲，想要即刻为兄弟报仇。作为个人，这样的情义令人感动；可是作为将领，这样的做法显然过于自私。最后部下范疆与张达忍无可忍，趁张飞再次醉酒时将他刺杀在军营里。论冲锋陷阵，没人否认张飞的能力。正因为能力强才有了做领导的机会，却因管理不好情绪而枉死在了领导岗位上。现代与古代不同，古代像张飞这样的人，即便不懂情绪管理，还能上沙场杀敌；现代人如果让感性冲动掌控了理性思维，可能连生存都艰难。真正优秀的人以成事为核心，懂得将损害大局的情绪暂时搁置。管理好情绪，方能获得最终的成功。

那些成就卓越的人并非没有情绪，他们只是不被情绪左右。荀子认为君子应该“怒不过夺，喜不过予”，生气时不会丧失分寸，高兴时也不会过度给予，能够有所克制而不放纵私欲。

“年少轻狂”“年轻气盛”这些词语通常用于生活阅历较少的年轻人身上，是中性的；虽有不足但是可以理解，可是如果说一个五十岁的人“冲动妄为”，就得明显表示不赞同了。在该隐忍的时候隐忍，该爆发的时候爆发，是一个人成熟的标志。

领导者的共性之一是能忍。忍字心头一把刀，隐忍是不随意发作，有经验的领导者都有自己的疏解方式。比如美国前总统林肯会用写信的方式宣泄怨气。有一次，陆军部部长向他抱怨受到了一位少将的侮辱。林肯建议对方先写一封尽情发泄愤懑的辱骂信作为回敬。信写好了，部长正要把信寄出去时，林肯又让他把信销毁并坦言：“我生气的时候也是这么做的，写信就是为了解气。如果你还觉不满，那就再写，写到舒服为止！”

同样的道理，我们若不喜欢写信，也可以选择一项自己喜爱的、能够沉浸其中的活动来调节情绪。最高的境界是孔子所讲的“恕”，即恕己恕人。这样的境界，必定是见惯人情冷暖、历经沧海桑田之后依然心存仁爱的人才能达到。就像小说《神雕侠侣》中的杨过，半生坎坷，终成大器，断臂之后依然宽恕了自幼便欺负自己的郭芙。杨过并非没有怨愤，而是生活的磨砺让他更懂得珍惜，因珍惜生命中的美好而宽恕他人的错待。

管理情绪可以说是领导者面临的一项无法回避的重大挑战。无论是从个人健康还是工作成效的角度来讲，善于管理情绪的人更适合担任领导者。同时，情绪管理的能力，也会随着领导经验的积累而逐步提升。

第四章
管理者的执行力提升

“执行力”可能是我们提及频率最高的管理词汇之一。有人说执行力针对的是员工，对管理者无需强调。其实管理者的执行力比员工重要得多，“火车跑得快，全靠车头带”，试想一个没有执行力的管理者，怎能带出有执行力的团队和下属呢？

这一章先重点介绍什么是真正的执行力，然后搞清楚团队执行的三大流程。这些基本概念理解之后，再重点剖析个人执行力的三大问题，以及从意识层面如何提升执行力。

第一节
执行力概论

一、没有执行力就没有竞争力

这是一个移动互联网的时代，也是“80 后”、“90 后”甚至“00 后”成为主力军的时代。在全新的时代背景下，依然绕不过一个旧词——执行力。很多组织和个人都存在这样的困扰：自身有很好的想法、宏伟的蓝图，却为什么总是失败呢？难道是我的想法有误？出现这类问题的原因往往是缺乏执行或者执行力薄弱。有了想法却没有行动，即便采取了行动，却又没有达成预期的结果，让众多组织和个人都倍感头疼。

【案例】

有一个女孩，她梦寐以求的职业是成为电视节目主持人。她有着不错的家境和出众的外表，因此，这个女孩十分自信自己将来能够成为家喻户晓的主持人。于是，她开始等待机会降临，期待某家电视台能主动发掘她，给她一个上电视的机会。除此之外，她什么都没做。日子一天天过去，没有一家电视台发现这个漂亮的女孩，没有任何奇迹在她身上出现。她因此抱怨老天对她不公，抱怨自己命运不济。

另一个女孩，她也期望自己能够成为主持人。与前面那个女孩不同的是，她并非等待机会出现，而是努力去行动。白天，她四处打工积累社会经验；晚上，到艺术学校学习专业知识。她几乎跑遍了每一个电视台，虽然起初每一家电视台给她的答复都是拒绝，但是她没有放弃，继续为自己的理想努力着。终于，她在一个很小的电视台应聘时获得了主持人的工作，即便只是一位天气预报的主持人。她在这家电视台工作了 3 年，在这 3 年中，她学到了很多工作后才能学到的知识。后来，凭借自己的知识和经验，她又在一个较大的电视台找到了工作。又过了 5 年，她终于实现了自己的理想，成了著名的电视节目主持人。

点评：第一个女孩就是我们常见的有理想没行动的代表，这类人总是在想象、在等待，唯独缺少了最重要的行动。第二个女孩就是生活、工作中成功者的代表，这些人懂得理想的实现不能靠等待，机会也不会给只会等待却不付诸行动的人。他们始终在行动，在通往成功的路上一步一步地前行，不论过程有多么艰难，他们都离成功越来越近，离梦想越来越近，成功怎么可能不降临到他们的头上呢?

愿望再好，若不付诸执行，都始终只能是个愿望而已。

由个人的执行力推及至组织团队的执行力。现代社会中，企业的成功源于团队的成功，而它们的成功与强大的执行力是分不开的。在竞争异常激烈的市场环境中，执行力的强弱已经成为影响企业成败的关键因素。纵观那些发展迅速且业绩优异的世界级优秀企业，总是能够让那些令人振奋的战略规划精准落地，达到甚至超出预期目标。比如，华为就高度重视并倡导执行文化，这种执行文化是其多年来保持强大竞争力的根本原因。比尔·盖茨就曾坦言："微软在未来 10 年内，所面临的最大挑战就是执行力。"而那些执行力不佳的企业，却是危机重重。

身处一个瞬息万变的全球化时代，为了保持企业的领先地位，提升企业的执行力、提高员工的工作效率已经刻不容缓。面对无处不在的竞争与挑战，企业与竞争对手之间的差距往往不在于战略，而取决于双方执行力的强弱。执行力强大的企业，往往能够占尽先机，在市场竞争中胜出。如果没有强大的执行力作为支撑，即使企业的战略制定得再完备、计划规划得再周密，一切也都是空谈。所以，从某种程度上来说，企业的执行力决定了综合竞争力。

执行力是将企业战略与规划转化为实际效益与成果的关键。在激烈的市场竞争中，企业的执行速度显得尤为重要。执行速度快，对于竞争对手来说，无疑是致命的打击。如果执行力不佳，总是行动迟缓、拖沓慵懒，就会落后于计划进度，贻误战机，最终在竞争中落败。商场如战场，机遇稍纵即逝。执行力强的企业，不仅始终保持紧迫感，具备出色的执行速度，更有着追求卓越的态度和一流的执行质量。许多企业曾名噪一时、大放异彩，最后却如流星一般，在短暂的辉煌之后便陨落了。究其原因，就是因为没有将良好的执行力长期保持，在取得些许成绩后就开始懈怠、拖沓、不负责任，从而被汹涌的市场竞争吞没，失去了立足之地。

一个企业在发展过程中可能会遇到很多问题，但急需解决的问题仍然是执行力不强的问题。执行力是构成企业核心竞争力的重要组成部分，是决定企业成败的重要因素。从某种意义上来讲，企业就是一个执行型团队。只有提升企业执行力与每一个员工的执行力，企业才能在市场竞争中占尽先机，不断超越与突破，取得辉煌的成就。

二、什么是真正的执行力

很多人认为管理者不需要强调执行力，执行力只针对员工，真是这样吗？我们认为管理者的执行力远比员工的执行力重要。我们来看下面这个案例。

【案例】

某公司要求推行5S管理，A、B两个车间主任同时接到了任务。A车间主任接到任务之后，认为5S就是打扫卫生，没那么重要，于是简单安排了一下。有公司领导来检查的时候临时组织员工突击整理，没人检查的时候就敷衍了事。B车间主任接到任务之后，召集各班组开会，讲解5S的重要性，并为员工培训5S的标准和要求，然后将生产区域责任到人，每天加强巡检，对做得好的进行表扬，对做得不好的进行批评。试想一下，最终哪个车间的5S管理会取得更好的效果？

点评：上面这个案例，毫无疑问，B车间的5S会执行得更好。实际上这两个车间的员工并没有显著差距，造成执行结果不一样的核心在于管理者。所以我们才会说：管理者的执行力，决定了团队执行力。

执行和执行力是我们工作中使用最多的管理词汇之一。我们曾经问过很多管理者、员工，“你理解的真正执行是什么？”很多人认为执行就是：领导交办的任务，我马上去做。这到底是不是真正的执行，我们先来看一个案例。

【案例】

某氧化铝厂的总经理要求人力资源部在生产厂区内贴安全宣传标语，人力资源部接到这个任务之后迅速行动，仅用三天的时间就完成了标语张贴工作。结果总经理去检查时发现了三个问题：一是标语的字体太小，稍微离远一点就看不清；二是在众多的标语中，陈总经理还发现了错别字；三是标语的语言风格太平淡，难以触动人心，起不到太大的警示作用。于是，总经理要求人力资源部把所有标语拆下来返工重做。

点评：分析这个案例，如果按很多人过去的理解——执行就是领导给我任务我马上去做，很明显案例里面人力资源部确实采取了行动，并且行动还很迅速。但这能叫真正的执行吗？真正的执行必须以结果为导向，对最终结果负责，一切没有结果的执行都是浪费。那在上面这个案例中人力资源部为什么会出现执行偏差呢？是因为执行者在行动前没有搞清楚总经理的“要求”是什么，而领导的“要求”实际上就是我们执行的目标。如果执行前没有搞清楚目标就如同船只出海却无目的地，这样的执行肯定会出问题。所以通过上面案例的分析，执行的起点是“目标”，执行的终点是结果。这时候就可以给执行下个定义了：**执行就是从目标到结果之间的过程**。

通过这个定义，就可以改变我们过去很多错误的观念。比如我们过去判断一个人执行力好不好，仅看其有没有行动、有没有去做，这显然是有问题的。即便采取了行动，我们只能说这个人有一定的服从意识，离执行力强还差得远。我们判断一个人执行力好不好，必须用结果说话。

三、高层执行力

高层管理者要把握企业的发展方向，只有企业能够生存并获得更大的发展，才有条件让员工安居乐业。

（一）制定战略

高层管理者需要在瞬息万变的市场环境中为企业找到生存与发展的土壤，制定科学有效的战略规划。战略正确了，员工的执行才会有正向的回馈，否则执行力越强，企业可能失败得越快。

（二）给员工情怀和理想

企业经营总会经历起起伏伏，良好的企业文化能在低谷时凝聚人心、克服困难；在高峰时坚守初心、不骄不躁。任何企业都有一些制度无法覆盖的空白地带，唯有良好的企业文化，能推动全员主动多付出，以填补这些空白地带。

（三）提供必要的资源

高层管理者一方面要确保资源能够满足战略发展的需求，另一方面要有胸怀与员工共享发展的成果。

四、中层执行力

中层管理者是企业经营的操盘手，要通过管理手段提升企业的运营效率。

（一）整合资源、分配资源

整合内外资源，保证一线团队的弹药充足，合理分配资源以攻克战略目标。

（二）建立合理的制度

根据企业所处的行业特性及公司的战略方向，制定合理的制度规范。让做得好的团队和个人获得激励，让不好的行为受到惩戒。比如：互联网公司需要把用户放在第一位，需要不断地创新，就要奖励员工与用户良性互动的行为，营造宽松灵活、利于创新的制度环境；生产型企业需要把产品质量放在第一位，就要制定严格的质量管理制度。

（三）不断优化流程

中层管理者掌控多个经营环节，需要不断优化各部门间协作流程以提高整体的效率，主要从以下三点入手：

① 有效减少工作的重复；

② 避免部门间推诿扯皮；

③ 充分调动员工的积极性和主动性。

为什么很多企业始终难以找到运营节奏，有很大一部分因素是过于复杂的运作流程。某大型国企曾经在做网站的时候，仅修改一个页面的配色，都需层层打报告才能开始执行。而同类型的事情，在一些小公司产品团队自己就能把握。当国企的管理者们研究审批完之后，对方的网站都已经优化好几轮了。

五、基层执行力

基层管理者身处战斗前线，抓好一线团队，是执行力最终落地的关键。

（一）衔接员工与中高层管理者

理解公司战略，并将战略有效传递给员工；以身作则，把企业文化落实到工作中；在严格按照既定的制度流程执行的基础上，向中层管理者反馈优化建议。

（二）鼓舞士气

士气源于明确的目标，基层管理者要让团队每一位成员了解团队的整体目标，并清晰地知道自己的工作目标；士气源于积极的情绪，除了工作中的沟通，基层管理者要定期与每位员工进行思想层面的沟通，了解员工的情绪状态，并给予正向的疏导与鼓励；士气源于成就感的循环，基层管理者要向全体成员介绍公司整体的发展成就、团队的当前整体进度，鼓励、表扬员工个人的点滴成长。

（三）培养员工能力

当员工能力不足时，基层管理者要有意识地培养员工的能力。①以赛代练：发现员工能力或经验不足时，不能为了省事就把工作安排给他人或自己去做，要给员工锻炼的机会。②有效指导：指出员工能力不足的问题时，一方面要告知具体是哪个方面不足；另一方面要给员工提供学习锻炼的方法和样例，不能粗暴地指责完之后就不闻不问。

总结：作为企业管理者，高层管理者控方向；中层管理者促效率；基层管理者抓团队。

第二节
团队执行三大流程

拉姆·查兰和拉里·博西迪在 2003 年联合出版了《执行——如何完成任务的学问》一书，首次系统阐述了执行（execution）这个词的核心内涵；并在书中提出了打造团队执行力的三大核心流程：战略制定流程、人员选育流程、运营实施流程。执行三大流程可进一步通过图 4.1 学习、理解。

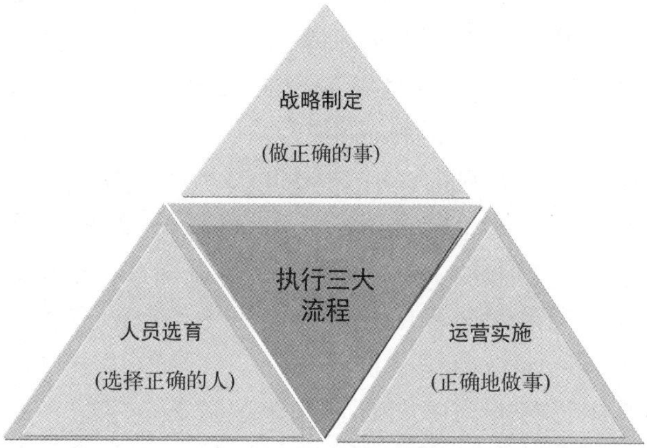

图 4.1　执行三大流程图

一、人员选育流程：在战略和运营之间建立联系

人员选育流程比战略流程或运营实施流程都更为关键。毕竟，无论是对市场情况的判断，根据判断制定相应战略，还是将这些战略付诸实施，人的因素始终至关重要。简单来讲，如果人员选育流程出现问题，将永远无法充分发挥团队的潜力。

一个运转有效的人员选育流程，至少要完成三个方面的任务：对个人进行深入且准确的评估，培养新的领导层——为了在整个组织范围内更好地实施战略提供指导性框架，以及搭建完备的领导梯队。

传统人员选育流程的最大缺陷，就是它通常是往后看的。也就是说，它更侧重关注人员当下和过往的工作表现。但实际上，一个人的潜力如何，更为重要的是看其能否应对未来的挑战。有很多这样的人，他们虽然能够很好地处理当前的问题，却无法将自己的部门或组织成功地带到下一个发展阶段。在很多情况下，许多公司甚至都是在财务结果出来以后才想着手调整领导层。这样的人员评估有什么意义呢？这种人员评估方式有时还会给企业带来巨大损失。

【案例】

有家跨国公司投资在印度尼西亚建了一座工厂，当时他们正准备将资源从发展缓慢的国内市场转移到南亚国家，建造这座工厂正是战略的一部分。公司把这项任务交给了国内某分公司的一位副总经理，这个人在国内工作非常出色，可是印度尼西亚的这个项目却做得非常失败。由于工程延期，工厂的开工远远超出了预定期限。这位负责人无法妥善应对承包商的诉求，没有申请到许可证，无法解决与当地工人之间存在的分歧，甚至都不能招聘到自己需要的人手。公司最终还是投产了，但又卖不出自己生产的产品。很显然，这位副总经理并不适合管理印度尼西亚的业务。

实际上，虽然他在国内的工作非常出色，但从根本上来说，他仍是一名技术人员，而非合格的管理者。他并不懂得如何维护公司与客户及市场的关系，不懂得什么是科学的定价策略。他不懂得在一个国家里（如印度尼西亚）如何去建立和维护与各级政府部门的关系。他无法进入当地的政治圈，但这是进入当地市场的一个前提条件。他不能从全局层面把握企业的经营核心，甚至不懂得如何去判断企业是盈利还是亏损，更不会去选择适当的人选。而且，即便是在这种情况下，他和总部之间也没有建立有效沟通——总部也没有派人去了解印度尼西亚的情况。总部公司的 10 多名高管没有一个人去过印度尼西亚，所有的建议都是从一家咨询公司花钱买来的，对处理当地现实情况根本没有任何帮助。

点评：在这个案例中，公司高层领导们从理论上认为自己所需要的这位管理人员精通技术细节，并且来自国内发展非常好的分公司，认为此类人员必定能胜任公司在海外市场的业务管理工作，所以公司就没有采取任何措施对这位管理者的领导素养进行深入考察，“拍脑袋”做了决定。其实这是一种非常普遍的现象。无论是要向海外扩展还是要发起一个新的国内项目，大多数领导者都应该首先问自己这样几个基本问题：应当派谁来负责这个项目，他有这个能力吗？战略本身通常不会有太大问题，但由于没有选对人手，许多项目最终都失败了。

一个高效的人员选育流程，实则能提供一套强有力的框架，该框架足以确定整个组织在今后一段时期内的人才需求水平，并帮助领导者为满足这种人才需求水平作出相应的行动方案。从根本上来说，人员选育流程作用的发挥主要建立在以下几个要素之上：

（一）与公司战略规划及其各阶段目标（包括财务目标及其他各方面的目标）之间的联系

人员选育流程的第一个要素，是它与公司在各阶段的发展目标（包括为期2年以内的短期目标、为期2～5年的中期目标，以及时间跨度为5年以上的长期目标）和运营计划目标之间存在的关联。为了建立这种联系，企业领导者必须确保有足够且适配的人选来执行既定的战略。

比如有一家公司，它的主要业务是为汽车制造商提供零部件。根据新制定的发展战略，公司将把自己的业务范围由零部件产品扩展至整体解决方案，包括那些能够留住客户并同时带来一定收入的售后服务项目，它的目标还包括要争取到非汽车业客户。为了配合这项战略的实施，人员选育流程必须为公司配置一些掌握此类技能的新人员结构。虽然目前公司有很多人都是自己行业内的佼佼者，但为了执行新的战略，公司却不得不对自己的领导团队进行重新评估，并聘请一些新的销售人才。哪些人的技能已落后于需求？如何对工程师们进行培训，以使其能够适配新的岗位需求？培训周期需要多久？谁来负责？

人员、战略和运营之间的协同，还可以帮助组织预判在未来的一段时间里将面临的挑战。这家公司需要对自己的供应链管理进行改进，对于一家准备向现有客户提供服务的组织来说，这种改进是关键且必要的。为了完成这种改进，公司不仅需要聘请新的专业人才，还需要优化售后服务部门，使其成为一个直接对公司总裁负责的部门，专注新工作并承担新责任。

（二）通过持续改进、继任者培养和降低离职风险，为公司提供完善的领导层培养渠道

为了实现中期和长期目标，公司必须搭建完善的管理层培养体系。首先需要确定哪些人非常有潜力，应该得到重用；然后确定需要对其进行哪个方面的培训，以使其更能胜任未来的工作岗位。这些工作最终将为公司搭建一个数量充足、素质优良的管理人才库群体。而对于一个企业来说，没有什么比这更重要了。

继任者培养和离职风险管控分析，是一个组织进行人才规划和搭建领导者输送体系的基础。这两项工作实际上就是强调："人才是我们最重要的资产，也是我们后续讨论个体发展需求和工作调整的基础"。除此之外，继任者培养和降低离职率的另一个重要作用是留存核心人才，同时替换掉那些业绩没有达到预期标准的员工。

降低离职率主要是要关注人员的业绩达成能力、潜力，以及人员的离开可能给公司造成的损失。如果某人在当前的岗位上工作时间过长，他很可能感觉晋升无望。在这种情况下，就很容易产生跳槽的念头。

继任者培养，需要讨论的是一家公司是否有足够的高潜力人才，胜任关键岗位的工作。同时，它还能确保一些具有很高潜力的人才，不会被闲置在自己的工作岗位上，而且他们不会轻易跳槽到其他公司。

需及时识别那些具有很高潜力和可以提拔的人。这种做法可以帮助公司避免两个危险。一个是组织惰性，当长久没有人员变动时，整个组织就会表现出一种明显的惰性；另一个是升迁过快（一个明显的例子就是，很多网络公司都是由那些 20 岁出头、丝毫没有管理经验的年轻人在主持运营）。

（三）对表现不佳的人员作出处理决定

即使最优秀的人员选育流程也未必能做到人岗适配，而且也无法使每个人的表现都达到预期水平。有些人并不能胜任其当前的工作，需要被调整到稍低一级的职位上；有些管理者甚至必须离开自己当前任职的部门。而评价一个人员选育流程的标准，就在于它是否能够清晰地将这两类人区分开来，以及它是否能够帮助领导者们作出决策（即便可能让相关人员感到不适）。

（四）改变人力资源部门的使命和定位

如果认为“在一个强调执行的企业文化当中，人力资源管理的作用会大幅弱化”，那就错了。它的作用比以前更大，但它的角色却发生了重大转变。人力资源管理需融入企业的运营实施流程当中去，需与战略、运营以及评估活动等相结合。在这种情况下，企业人力资源管理部门的工作必须更加以人才聘任为导向，并成为推动企业前进的一股重要力量。

要想做到把适当的人安排到适当的工作岗位上并非一件易事，它要求企业必须持续收集有关个人的信息，要求领导者必须了解公司的员工，知道他们是如何协作的，是否具有足够的能力来完成预定的任务等等。只有持之以恒，人们才能培养足够的能力来评估和选择适当的人员。人员选育流程始于一对一的评估，但一旦发展成为一项完整的流程，它就能够成为一件非常高效的执行工具。在下面的讨论中，我们将把重点转移到战略制定流程方面。当然，战略制定流程与人员选育流程之间的关系非常密切，毕竟所有的战略都源自人们的大脑。如果一家公司能够找到适当的人员，它所制定的战略就会更符合市场、经济和竞争的现实情况。

二、战略制定流程：将人员与运营结合起来

无论一项战略的具体内容怎样，它的基本目标都极为简单：为企业赢得更多的客户，并建立一种可持续的竞争优势，同时为股东创造丰厚的回报。战略明确了一个企业的发展方向，并为此做好充分准备。那么，为何许多战略最终又会以失败而告终呢？

很少有人能真正领会到，战略再好，如果得不到有力执行，也无法达成预期的目标。好的战略并非简单的数字组合，也不是毫无实践意义的夸夸其谈。它的核心和细节必须出自规划人员的深度思考，因此这些规划人员必须对实际的操作过程、市场现实、现有资源和企业的强势弱势等问题有着非常深刻的了解。

一份符合实际的战略计划，本质上就应当是一份行动计划，企业管理者完全可以依赖它实现自己的目标。在制定这份计划的过程中，领导者必须对企业的战略要求和具体实施能力有着清晰的认识。在制定计划之前，领导者必须首先明确和界定企业战略背后的一些关键问题：在当前的商业环境下，你的企业处于何种状况，它面临着哪些机遇和挑战？在与对手竞争时，它具有哪些优势和劣势？而一旦制定了一项计划，你就必须考虑以下几个问题：该计划中假定的前提是否成立？是否还有其他备选方案？你的组织是否拥有足够的能力来将该计划付诸实施？为了使该计划能在长期内发挥作用，你需要采取哪些短期和中期行动？你是否能在情况出现变化时对该计划进行适当的修订？

为了使计划更贴合实际，必须将其与公司的人员选育流程协同：公司是否有适当的人选来执行这项计划？如果没有的话，你将采取怎样的措施来聘请到自己所需的人才？你必须将自己的战略细则与企业的运营计划相结合，这也是协调整个组织以完成预定任务的前提条件。下面，我们来看一个战略制定实施失败的案例。

【案例】

在1997年米歇尔·阿姆斯特朗被任命为美国电话电报公司CEO的时候，公司的主要利润来源是长途语音和数据业务，以及规模虽小但正处于不断增长的无线传输业务。美国电话电报公司的财务收支状况良好，负债率很低，而且股票价格也只有大约44美元。但外部环境在不断变化，随着新的

竞争对手进入市场，长途业务收费水平开始下降。华尔街给予那些网络公司和光纤公司很高的评价，认为它们代表了未来的发展潮流。

针对这种情况，阿姆斯特朗开始制定新的战略，决定进入新的成长型市场。在他看来，美国电话电报公司的机遇就在于为客户提供一站式的信息传输服务：通过电话和互联网为客户提供长途和本地语音及数据服务，以及对带宽有着很高要求的多媒体服务。但如果想要提供这些服务的话，美国电话电报公司必须能够与客户建立直接的联系。可问题是，根据当时的情况，只有一些区域性的电话公司才能与客户进行这种联系，而这些地区性的公司早在 1984 年就从美国电话电报公司拆分出去了。针对这种情况，公司对几种可选的方案进行了权衡，从在一些关键的大都市地区建立自己的基础设施到收购一些光纤公司。

在制定新战略的时候，阿姆斯特朗考虑到了以下四个要素：①收购光纤公司，直接与客户建立联系；②为客户提供捆绑式服务，以提升 AT & T 的服务在消费者的支出中占比；③必须能够尽快获得收入，以抵消由于长途业务下滑而带来的收入减少效应；④充分利用美国政府于 1996 年制定的电信条例，因为根据该条例，除非完全向长途运营商提供开放的网络，否则地区性的电信公司将不得参与长途业务的竞争。

这是一项具有很大吸引力的战略。股票分析师们都认为这是一项很有前途的战略，最初的市场反应也非常积极。但事与愿违，这项战略遭到了彻底的失败。2001 年 12 月，公司出售了自己在光纤领域的业务，最终这个耗费公司 1000 亿美元的业务领域只能以 690 亿美元的价格出售给了 Comcast 公司（其中包括 250 亿美元的债务形式支付）。这项战略的失败实际上使得公司回到了当初的状态，其股票价格也一路下滑，从当初的 44 美元下降到大约 18 美元。

点评：问题出在哪里？答案是：公司的所有战略前提都建立在错误的假设之上。AT & T 的宽带服务能力主要来自其早期收购的两家公司（TCI 和 Media One），以及公司现有的一些业务部门。为了收购这两家公司，美国电话电报公司付出了高昂的成本；与此同时，长途业务价格下降的速度远超预期，从而致使公司股票价格进一步下跌，直接推高了收购成本，大大加重了公司的债务负担；消费者对捆绑式服务的接受度并没有 AT & T 预期的那么高，而且在推广新服务的时候，公司的营销活动也很不到位，整个计划的执行周期也大大超出了人们的预期；最后，政府执法部门对 1996 年电信条例的执行力度也不够强，许多地区性的电信公司毫无顾忌地进入长途服务市场，这就使得长途运营商在与地区性电信公司的竞争中毫无优势可言。

在一些关键岗位人员的选择上，美国电话电报公司也犯了错。人力资源管理部门的疏漏，使得一些根本无法胜任自己工作的主管人员，在现有岗位上任职了三年之久。当一些大股东，比如说加利福尼亚公共雇员退休系统和教师退休系统对公司的宽带业务表示不满的时候，美国电话电报公司的股票价格再一次遭受了沉重打击。

可见，AT & T 的战略从根本上脱离了公司当时的内部和外部现实环境。它既没有对自己假设的那些条件进行验证，也没有预先制定有效的备选方案，而且公司也根本没有考虑到自己是否有能力在日趋激烈的市场上与对手展开竞争。它的企业文化在很大程度上还保留了以前处于垄断时期的特色，根本无法快速而有效地将预定的计划付诸实践。

（一）制定战略计划

当一个业务部门开始制定一项战略的时候，它会清晰地列举出该部门的发展方向：它当下处于一种什么状态，未来的发展目标是什么，如何达成这个目标。在对战略结果所需要的成本进行分析时，人们首先应当剖析战略实施过程中可能出现的潜在风险，并同时考虑到可能出现的各种其他因素。战略陈述应当详细且清晰地列出部门当前的市场地位，并对竞争者的优势和劣势进行分析。

出色的战略计划就是你所希望采取的一系列行动。它就像是一幅描述清晰的路线图，应当能够给你留出足够的空间来进行调整和运营。而且，只有当你真正决定采取哪些具体行动，以及如何将其与公司的人员和运营现实相结合的时候，你才能制定出具体的执行方案。

（二）谁来制定计划

一份真正有效的计划应当由执行者主导制定。企业职能人员帮助收集数据和进行分析，但管理人员必须亲自负责制定战略计划的核心部分，因为只有他们了解企业当前所面对的商业环境以及组织的实施能力。他们在公司中所扮演的角色使得他们更易于引入一些新的思想，知道哪些提议符合市场实际，而哪些提议又是不切实际的；了解实施一项战略需要企业具备哪些条件，能够在不同的方案之间进行权衡，并解决规划过程中应当考虑而又常常被忽视的问题。当然，并非所有人都能通过学习成为一名优秀的战略思想家。但如果能够经常参与团队作业，能够得到一位对整个行业和企业自身所面临的环境有着全面了解的领导人员的指导，并且能够有效利用开放式对话（执行文化的核心）的话。每个人都能够在战略制定过程中贡献自己的力量，而且每个人都能够因成为这种谈话的一分子而有所收获。

一个好的战略制定流程是培养执行文化的最佳方式之一。它能够使参与者更敏锐地感知变化，这是一页一页的文件所无法实现的。因为通过参与战略制定流程，人们得到的不仅是对自己企业和市场环境的深刻认知，他们还学会了如何分析和判断。如何将计划综合起来？如何协调整个组织的运营？在回答这些问题的过程中，他们的判断能力和感知能力得到了进一步的提升。他们可以从错误中汲取很多经验："在做出假设的时候，我们为什么没有预见到可能的变化？"对这些问题的讨论一方面能够激发人们的斗志，另一方面又能够很好地培养整个团队的凝聚力。反过来说，讨论过程中产生的能量又可以对整个流程起到一种强化作用。

企业的领导者必须具备自行制定战略的能力。毕竟，他不能把所有工作都交给战略规划人员，然后将这些成果据为己有。他必须在构建战略的过程中承担起必要的责任，并随后在大家就该战略达成一致意见之后，负责制定出具体的行动计划方案。

在每次开始构思一项新的战略计划之前，都要召集各部门负责人、公司的战略规划人员，有时还包括一名职能人员，将就该计划所面对的一些关键问题达成共识。在计划完成之后，在公司层面上进行公布之前，每位领导都应与自己的下属一起对该计划进行一番评估，提出自己的意见和建议。毕竟，真正的实施者是下属。

（三）制定战略计划中的注意事项

企业在制定战略计划时，总是会对经济环境、竞争形势，以及为什么有些公司会比另外一些公司更为成功等问题予以特别的关注。在制定计划之前，战略规划人员会首先收集大量有关经济环境的资料。例如，我们要进入的市场是一个增长型市场还是萎缩型市场？如果某项业务所处的市场每年的增长率只有2%，则除非能够推出新的产品或者具备竞争优势的战略，否则你将很难超越这一水平。以汽车制造部门为例，该部门当时所处的行业增长非常缓慢。因此企业适当下调了该部门的利润指标，并同时减少了其资源配置比例。

在制定战略计划的过程中，规划人员还要列出该部门的市场份额。这在很大程度上反映了该部门是处于市场领导地位，还是一个无足轻重的角色。市场份额是最有力的评判标准，显然，它会在很大程度上影响到一个公司的战略计划。如果某部门在市场上所占的份额很低，而它却处在一个高速增长的市场环境当中，则战略计划的主要目标就应当是提升该部门的市场份额。而且它还应当详细表明，在过去的一年中，该部门的市场份额是增长还是下降。

战略计划还应当包括对该业务部门主要竞争对手的评估。毕竟，企业在构思战略的时候，竞争对手也在制定并实施竞争策略。

战略分析的下一个问题是：什么样的公司能够在这个行业的当前环境下取得成功？它们的成本结构如何？是否有革新性的技术、成熟的分销系统以及全球化的布局策略？换句话说，那些在本行业中取得成功的公司与不成功的公司之间的主要差别是什么？

制定战略时，企业不能只是胡乱拼凑起一份计划，然后坐等奇迹发生，而应从一开始就要明确战略目标：你希望达成什么目标？我们需要在哪些方面取得进一步的改进？这项计划对我们的真正意义在哪里？目标越详细清晰，你取得成功的希望也就越大。

一份优秀的战略计划必须解决以下问题：

① 外部环境如何？

② 对企业现有市场和客户的洞察深度如何？

③ 提高业务盈利能力的最佳方式是什么？障碍是什么？

④ 竞争对手都是谁？

⑤ 企业是否具有实施该项战略的能力？

⑥ 企业短期利益和长期利益是否平衡？

⑦ 执行计划过程中的阶段性目标是什么？

⑧ 企业目前面临着哪些关键问题？

⑨ 企业如何保持持久的盈利？

三、运营实施流程：在战略和人员之间建立联系

战略制定流程通常明确企业的发展方向，人员选育流程聚焦战略实施过程中的人员因素，运营计划则为相关人员开展工作提供了明确的指导方向。它把企业的长期目标分解为一些阶段性的任务。为了完成这些阶段性的任务，领导者就不得不做出许多具体的决策，将其整合到整个组织的运营当中，并根据市场情况的变化及时进行调整。所以在制定运营计划的过程中，所有的数据都必须基于实际经营情况。不仅要以企业上一周期的经营数据为参照，从而为企业发展确定新的目标，还要为实现目标制定出具体的工作步骤。

通常情况下，一份运营计划包括了企业计划在一年之内推进的项目：它

们将保证你的企业能够在收益、销售和现金流等方面达到预期的目标。这样的项目有很多，比如说新产品的研发、市场营销计划、充分利用市场机遇的销售计划、生产计划，以及一份以提高效率为目标的制造计划。运营计划制定的前提假设应该与企业所面临的实际环境相匹配，而且应该在财务人员和那些负责执行的领导人员之间进行充分的探讨。

在运营计划当中，企业高层领导者的主要任务是监督计划的实施工作。具体来说，高层领导者应该负责设定关键绩效目标，将运营实施流程中的细节与人员选育流程及战略制定流程协同衔接，并领导大家进行战略评估。他必须在面临诸多不确定性的时候果断地做出判断和取舍，能够引导积极公开的对话以厘清实际情况，还必须对下属进行适时的指导。同时，这也是高层领导者的一个不断学习的过程。在这个过程中，他将对企业员工、员工的执行能力以及战略实施过程中可能遇到的问题产生更为深入的了解。

一份运营计划的主要内容不应是繁杂的统计数据，而应体现一种责任，并成为一条将整个企业的人员选育、战略制定和运营实施流程连接起来的纽带，它通常的表现形式是目标分解和计划制定。

在制定运营实施计划的时候，第一步就是要设立多维度的目标：收入、现金流、生产力水平、市场份额等。对于不同的企业部门来说，这些目标的具体内容可能千差万别，但核心是各部门必须用一页纸的篇幅按照“由外到内、由上到下”的顺序总结出自己的主要措施。所谓“由外到内”是指，这些数字必须反映公司所面临的经济和竞争环境；它们所传达的信息必须使投资者相信：购买这家公司的股票是值得的。所谓“从上到下”是指，在确定目标的时候应该采取先整体后局部的顺序——也就是说，首先要考虑整个企业的情况，然后再把任务具体到各个环节。在实际的运营实施过程中，有很多企业采取的都是相反的顺序：它们先让各个部门分别制定出自己的计划，然后再简单地把这些计划拼凑到一起，这就造成了大量的无用功。因为在各部门进行协商的过程中，原先拟订的许多数字都必须重新修正。第二步是行动计划制定，其中包括在短期任务和长期目标之间把握好平衡，我们还要确定出那些人们能够制定出应急方案的领域。第三步我们将和所有的与会人员一起就会议讨论结果达成共识，并建立详细的跟进措施以确保每个人都能完成自己的任务。

运营实施计划包括了来年所有的主要项目——营销和销售、生产、职能部门运营、资本开销等。在一家从事跨行业经营的大公司里，这些计划都是各业务部门为实现自己的目标而采取的相应措施。

综上所述，企业或团队运营的核心就在于人员选育、战略制定和运营实施这三个环节之间的协同联动；因此，管理者需要在了解这三个环节的同时，将其作为一个整体统筹把握。它们是向执行型团队转变的基础，在构思和执行一项战略的时候也发挥着核心的作用。事实上，对这三个环节的把握水平正是成功管理者和失败管理者之间的差异所在。

第三节
个人执行力的三大问题

上一节讲了团队执行力，接下来一起来探讨个人执行力。想要提升个人执行力，必须先找到阻碍个人执行力提升的问题所在。个人执行力不强，主要由三大问题导致：

一、问题一：自私

在很多企业都有一个令大家头疼的问题——“部门墙”，就是大家发现，在一个小团队或者部门内部的执行力都挺不错，一旦涉及跨部门协作的时候，相互推卸、扯皮的现象就会时有发生。为什么？就是因为大家在跨部门协作配合时，往往都只站在本部门立场思考和处理问题；不愿意换位思考、不愿意牺牲付出，忘记了大家合作的目标是一致的，这就是“自私”带来的执行力问题。类似的现象在企业当中还有很多，比如职责范围内的事情，执行力往往要强于职责范围外的事情；领导关注的事情，执行力往往要强于领导没有关注的事情；此外，出了问题时害怕承担责任、相互指责推卸等，都是由于自私的心态导致的。那自私到底在执行中有哪些具体表现呢？可进一步通过表 4.1 学习、理解。

表 4.1　自私在执行中的具体表现

自私的具体表现	举例说明
对抗 / 应付	对抗：领导安排的不属于自己职责范围内的事情就不愿意做。 应付：如果非做不可，那就敷衍一下，纯粹为了给领导一个答复
放纵	管理者对下属的放纵，本质就是为了维护两个人的私人关系，不惜损害公司的利益，是典型的自私心态
选择性执行 / 偷懒	选择性执行：都想做轻松的工作，简单的工作，没有压力地工作。 偷懒：领导在工作积极，领导不在就偷懒
推卸责任	人之所以不愿承担责任，就是怕承担之后被领导批评，被公司考核

用一句话总结自私的心态：人只愿意执行和自身利益相关的事情。

那么问题来了，人追求个人的利益有错吗？俗话说："人不为己，天诛地灭。"这话到底对不对？不同的历史时期，有不同的认知。中国古代属于小农经济，小农经济的特点就是自给自足。自己管好自己家的一亩三分地就够了，人与人之间没有太多的经济来往，这个时候强调"人人为己"是可以的。而现在属于工业时代，工业时代的特点就是分工协作，更多强调人与人之间的合作。企业不同岗位、不同部门之间都是合作关系，如果这个时候还在强调"人人为己、各自为战"的思维，那才会真正被市场淘汰。

那我们到底应该怎么做，不追求个人利益吗？接下来的探讨可能会给我们一些启示。自私的反义词是无私，一起来探讨探讨无私和自私的关系，以及分别对人们工作和生活的影响。

天长地久。天地所以能长且久者，以其不自生，故能长生。是以圣人后其身而身先，外其身而身存。非以其无私邪？故能成其私。

——《道德经·第七章》

简单翻译一下，老子说天长地久，天地是永恒长久的。为什么世间万物都有生老病死、新陈代谢，而唯有天地是永恒的呢？因为天地的存在是为了创造一个让万事万物生长的空间，是为了帮助世间万事万物的生存。天地是为世间万物付出、提供服务的，所以是无私的，因此无私的天地收获到了最大"利益"——永恒。

【案例】

曹德旺在 1987 年创立福耀玻璃时，怀揣着"为中国人做一片自己的汽车玻璃"的信念，决心打破国外品牌对中国汽车玻璃市场的垄断。当时，国内汽车玻璃几乎全靠进口，价格高昂且供货不稳定，这不仅增加了民族汽车产业的成本，也制约着行业发展。福耀玻璃的第一款产品便瞄准这一痛点，以同等品质下更低的价格进入市场，不仅让国内车企用上了"中国造"玻璃，更推动了整个汽车产业链的国产化进程，展现出"产业报国"的初心。随着企业发展，曹德旺始终将社会责任扛在肩上。在产品端，他坚持"质量是企业的生命线"，福耀玻璃的品质最终获得全球认可，成为宾利、奔驰等国际车企的供应商，让"中国制造"在全球高端市场站稳脚跟。

点评：从打破垄断到反哺社会，曹德旺用行动诠释着企业家精神中"利国利民"的担当。截至 2024 年，曹德旺累计捐赠超过 160 亿元，用于教育、扶贫、救灾等领域，展现了个人与企业的大爱和社会担当。曹德旺的故事告诉我们，真正的企业家精神不仅在于追求商业利润，更在于对社会的责献和对企业使命的坚守。通过不断创新、保证产品质量、承担社会责任，福耀玻璃不仅在市场上取得了成功，更在社会中树立了良好的形象，实现了企业的可持续发展和社会价值的创造。

反观有些企业家，其经商的初衷并非着眼于为社会创造价值、为他人提供助益，而仅仅是将个人利益最大化奉为圭臬。正如曾引发轩然大波的三鹿“毒奶粉”事件：企业为追逐暴利，竟在婴幼儿奶粉中违规添加三聚氰胺，最终不仅因恶性造假彻底失去市场，更让整个国产奶粉行业陷入长期信任危机，消费者信心多年难以重建。

这正反两方面的案例鲜明地印证了真正立足长远的经营，往往始于对社会需求的回应与担当，看似“无私”的坚守，最终会转化为市场的认可与持久的发展动能；而若将“自私”奉为信条，只顾眼前利益而漠视责任，最终只会在失去信任的同时，亲手葬送自身的生存根基。

【案例】

某国内化肥行业的龙头企业，总部在河南。公司在新疆建设了一个规模更大的新厂，投资巨大，对公司具有极大的战略意义。在建设投产过程中，最让人力资源部头疼的问题便是人员配置，新疆那边技术人员招聘难度极大。投产在即，但有两个特殊的技术工种一直未招到合适的人，于是人力资源部决定从河南总部调派两人去支援新厂的工作。

在老厂的某分厂，有两个车间都有这样的技术工人。人力资源部先找到A车间的主任，希望他同意从他的车间调两个人去支援新厂，结果A主任反应强烈，怎么说都不同意，一直强调若这两个人调走，他们车间的工作就会面临很大的困难。最后A主任放下一句话：“如果把这两个人调走，那我也不干了。”沟通无果后，人力资源部只好去找B车间的主任。B主任在听完人力资源部介绍的情况之后，立即同意了公司的安排，并说道：“虽然调走两个人对我们工作有很大影响，但是新厂的投产对公司来讲更为重要。大家同属一家公司，相互支持是应该的。”

事情到这暂告一段落。这件事情表面上看，A主任获得了利益，留下了人，未影响车间工作；B主任吃了亏，人被调走，车间的工作压力增大，接下来B主任需要付出更多。

一个月后，这个分厂的负责人被调到了新厂。这时公司决定从现有车间负责人中提拔一名分厂负责人，A、B两个车间主任都是候选人。后来在讨论人选的过程中，最先淘汰的便是A主任，因为上次派员工到新疆去的事情给领导留下了极不好的印象。最后当选的是B主任，除了平时表现不错之外，这一次派人事件也给领导留下了深刻印象。

点评：在领导眼里，A 主任是一个自私的人，只考虑个人利益、小团队利益，不考虑公司整体利益，因此领导不可能将重任交给他；而 B 主任格局很大，做事情的出发点总是以公司利益为重，甚至为了公司利益不惜牺牲个人利益，这种无私的表现，让领导愿意把责任交给他。

通过以上的案例我们把自私和无私之间的关系总结成三句话：

（一）无私才是最大的“自私”

天地是无私的，是为了帮助别人生存，最后天地获得了永恒。曹德旺创立福耀玻璃时，也是本着“为中国人做一片自己的汽车玻璃”的初心，最后获得了巨大的成功和利益。上面案例中，B 主任是无私的，他时时刻刻都在为公司着想，最后被提拔为厂长。

（二）自私的过程往往得不到自私的结果

上面案例中，A 主任做事情只考虑个人利益、团队利益，最后丢失了领导的信任，丢掉了升职的机会。

（三）先付出再求回报

曹德旺在创立福耀玻璃时不曾想到自己会成为行业领军人物，案例中的 B 主任同意把人调走时也没想到自己会被提拔为厂长。做事情应该有长远眼光，不要计较一时的得失。当我们把关注焦点放在不断创造价值上时，总会获得应得的价值。反之，如果每天只想着回报，反而很可能一无所获。

需要说明的是，上述观点并非否定个人利益的追求。个人利益本身至关重要，多数人求而不得，问题往往出在观念与方法上。我们今天探讨“无私”，绝非叫人放弃对个人利益的追求，恰恰是要阐明如何正确对待个人利益，进而收获更大的长远利益。

二、问题二：自以为是

谈及执行力，首先得搞清楚，执行的本质到底是什么？到底是执行自己的想法，还是执行别人的想法？有人认为执行当然是执行自己的想法，试想这样一种情况：老板的想法是推进信息化办公，而你不认可甚至反对，那这个事到底做还是不做？答案不言而喻。执行的本质不是我们自己想怎样就怎样，本质是客户、领导、老板的想法和需求是什么。如果在一个企业，所有的事情都按照你的想法来做，那你不就成了这个企业的老板吗？甚至老板在企业里也不可能每件事都按自己的意愿来。所以在职场上讲执行，一定是执行公司的想法、执行上级领导的想法、执行客户的想法。

在实际工作中，很多人的行为表现是：自己认为对的就去执行，不对就不执行；自己理解的就执行，不理解就不执行；自己认为重要的就执行，不重要就不执行，这些都是典型的自以为是的表现。那么，自以为是在执行中有哪些具体表现呢？可进一步通过表 4.2 学习、理解。

表 4.2　自以为是在执行中的具体表现

自以为是的具体表现	举例说明
不愿意倾听	自以为是的人听不进别人的意见，即使领导交代了怎么做，还是会按照自己的想法去做
侥幸心理	之前讨论过侥幸心理，侥幸不会出事就是典型的自以为是。如果今天的工作需要爬到 10 米的高空，他一定会系安全带。反而如果只需要爬到 2 米，他可能就不会系安全带，因为他自己认为 2 米高不会出事，即使摔下去也不会怎么样
经验主义	守着过去的经验不愿意改变，不愿意创新，过去怎么做现在还怎么做，都是自以为是的表现。记住一句话“一切旧经验都是真老虎”
抱怨	人总是喜欢抱怨他人，认为别人都是错的，只有自己是对的

用一句话总结自以为是的心态：因过度自信而轻视他人意见、固守己见的心理状态，进而导致认知局限与成长受阻。

【案例】

过去在飞机上是禁止使用手机的，必须关机。当飞机在天上飞的时候，这项制度执行得非常好，几乎没有乘客打开手机。因为乘客都理解，飞行途中开手机，会对安全有影响，出于对自身安全的考虑，都会遵守这条制度。但每当飞机刚一落地，轮子刚接触地面，就会发现机舱内开手机的声音此起彼伏。其实飞机在落地之后的滑行期间，也是不允许开手机的，为什么乘客在飞机落地之后不愿执行制度呢？因为他们认为飞机已经落地，没有危险了，这就是典型的“自以为是”。有一次坐飞机落地后，空乘在广播里面告诉大家：请不要开机，因为飞机在滑行时需要和塔台进行紧密的通信联系，开手机会影响到联系信号，也有可能会导致出现安全事故。经过空乘解释原因，滑行阶段开手机的乘客明显减少。

点评：上述案例中，飞机落地后滑行期间开手机的乘客明显减少是因为空乘的解释，很多人理解了“为什么滑行期间不能开机”——人只愿意执行自己认为“对的”和自己“理解”的事。

那如何克服自以为是的心态对执行力的影响？首先尽可能地做到“先理解、后执行”。接到任务之后，先想办法理解，领导为什么安排这个任务，这项工作的意义是什么？把任务理解透了，然后再执行。那如果实在理解不了怎么办呢？那就“边执行、边理解”。很多工作在执行之前可能无法真正理解领导意图，但当你在执行过程中深入学习研究后，你对这项工作会有更深入的理解。因此，“边执行、边理解”，切不能因不理解而拒绝执行。

三、问题三：自我设限

【案例】

科学家做过这样一个有趣的实验：把跳蚤放在桌子上，一拍桌子，跳蚤立即跳起，跳起的高度超过其身高的 100 倍。接着在跳蚤上方罩一个玻璃罩，再让它跳，跳蚤碰到玻璃罩弹了回来。如此反复多次以后，跳蚤每次跳跃都保持在罩顶以下的高度。然后再逐渐降低玻璃罩的高度，跳蚤总是在碰壁后跳得低一点。最后，当玻璃接近桌面时，跳蚤已无法再跳。科学家移开玻璃罩，再拍桌子，跳蚤还是不跳。这时的跳蚤已从当初的“跳高冠军”变成了一只跳不起来的“爬蚤”。

点评：跳跃是跳蚤的先天能力，而跳蚤变成“爬蚤”是它丧失了跳跃的能力吗？当然不是。之所以这样，是跳蚤在一次次碰壁后，产生了一种消极的思维定式：我再跳高了会碰壁。为了适应环境而主动降低跳跃的高度，一次次受挫慢慢地消磨了它的信心，在失败面前变得习惯、麻木了。更为可悲的是，头上的玻璃罩早已不存在，它却丧失了再跳一次的勇气。行动的欲望和潜能被自己的消极思维定式禁锢，科学家把这种现象称为“自我设限”。很多时候，我们人类也同这跳蚤一样，在学习、工作、生活中，会“自我设限”。

一位澳大利亚 102 岁的老太太，她选择了一项极具挑战性的活动——高空跳伞来给自己庆生。可是她毕竟是个一百多岁的人了，家人都十分担心！可是老太太还是要去。后来她的医生给她全身彻彻底底地做了个检查，没想到医生得出的结论是：以老太太的身体状况来看，没有理由不让她去。于是老太太就前往布里斯班，报名参加高空跳伞，最终她成功地完成了这项挑战。

如果你没有听说过这个案例，让你去高空跳伞你愿意去吗？我相信很多人肯定都不愿意去，大家会找各种理由拒绝这项挑战。比如：我年龄太大了、我身体不好、我恐高、我没学过跳伞、我不专业等。但当我们知道一个 102 岁的老太太都可以完成高空跳伞，我们说的这些理由还成立吗？你年龄大，我想没这位老太太年龄大吧；你说身体不好，我想绝大多数人身体都会强于这个老太太；你说没学过，这老太太也没学过，我想你的学习能力一定比她强。也就是说，高空跳伞的能力大部分人都具备，我们不愿挑战就是因为“自我设限”。在工作生活中，我们很多人的口头禅就是：“不可能、做不到、太难了”，很多目标、工作连尝试都不愿意尝试就轻易放弃了。正是因为“自我设限”，我们失去了很多挑战自我、战胜自我的机会，而“自我设限”也可能是普通人和那些在各领域作出了巨大成就的杰出人士之间差距的根源。人的潜能是巨大的，今后在工作生活中当你踌躇不前、丧失信心想放弃时就去想一想：“102 岁的老太太都可以完成高空跳伞，我们还有什么事情是不可以完成的呢？”自我设限的具体表现可进一步通过表 4.3 学习、理解。

表 4.3　自我设限在执行中的具体表现

自我设限的具体表现	举例说明
放弃	很多事情还没开始做，就认为自己做不到，目标太高达不成；任务太多完不成；问题太难不可能。放弃成为最简单的选择
拖延	简单的事情没人会拖延，拖延往往都是面对一些有难度的工作，本质就是一种畏难情绪的体现
依赖	凡事不靠自己，总是依赖别人，依赖自己的领导，依赖同事，依赖合作伙伴，依赖外部的力量
差不多	差不多本质就是低标准，凡事喜欢说差不多，过程差不多，结果相差甚远。低标准是引发各类工作问题的重要根源

用一句话来总结自我设限的心态：人只愿意执行简单、熟悉的事情。

简单的事情大家都能做，你能做好别人也能做好，所以简单的事情价值有限。困难的事情大家都不想做，你能做好别人却做不好，那你就有不可替代的价值。因此，要敢于去挑战有难度的工作。如果每天重复做熟悉的事情，个人成长会很慢。想要快速成长，必须去挑战自己不熟悉的领域。把不熟悉变得熟悉，不断挑战拓展自己的心理舒适区，这才是一个人成长的过程。

最后，总结个人执行力的三大问题，如图 4.2 所示：

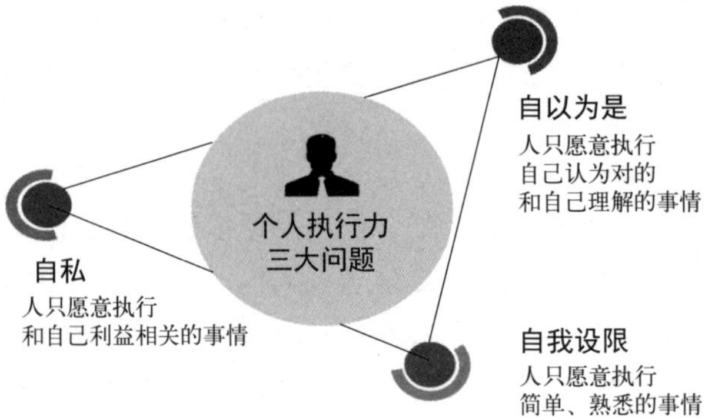

图 4.2　个人执行力三大问题

第四节
提升执行力的五大意识

上一节学习了个人执行力的三大问题，仅找到问题还不够，还要清楚如何提升个人的执行力。提升执行力，应从强化执行意识入手。

一、目标意识

（一）目的和目标

目标意识其实包含两个词："目的"和"目标"。这两个词我们经常搞混，那到底什么是"目标"？什么是"目的"？这两个词有何不同的意思？接下来一起探讨一下。

假设你是一个渔夫，准备出海打鱼。那你出海打鱼的目的和目标分别是什么呢？首先看目的：作为一个渔夫，出海打鱼的目的就是维持生存、养家糊口。那目标是什么呢？目标很简单，就是我这次出海计划打多少鱼，一个量化的指标。这就很清晰了，目的和目标定义如下。

目的：为什么做这件事？（做这件事情的价值和意义）

目标：把这件事做到什么程度？（是希望达成的结果）

当清楚了目的与目标的意义，如何在管理中使用？可通过以下案例分析。

【案例】

情景一：

领导给下属小张布置工作："小张，过来一下。你看这里很脏，赶紧打扫一下，我等会儿来检查。”

结果：半个小时之后，领导来检查，发现小张并没有打扫，于是质问小张。小张辩解道：“领导，我刚准备过来打扫，您就来检查了。您放心，我马上打扫干净。”

点评：显然，领导在布置任务时并没有说清楚任务的完成时间。

情景二：

领导给下属小张布置任务：“小张，过来一下。你看这里很脏，赶紧打扫一下，我半个小时之后来检查。”

结果：半个小时之后，领导来检查，发现小张虽然打扫了，但是没有打扫干净，地下还有明显的油污，于是质问小张。小张辩解道：“领导，我以为您说的打扫干净就是把垃圾清理一下，这个油污还要擦吗？这个油污都好久了，一直也没人清理过。”

点评：很明显，领导布置任务时未明确标准。“干净”并不是一个量化的标准，你所认为的“干净”和别人所认为的“干净”不一样。这是典型的布置任务时没有说清楚目标。

情景三：

领导给下属小张布置任务：“小张，过来一下；你看这里很脏，赶紧打扫一下。打扫的标准是：①清理所有的垃圾；②清除干净地上的油污，检查时要求抹布抹过去不允许变颜色；③工器具按照摆放的标准摆放好，我半个小时之后来检查。”

结果：半个小时之后，领导来检查，发现小张虽然按标准打扫了，但是标准不高，油污还是没有彻底处理到位，于是质问小张。小张辩解道：“领导，是这样的，您昨天给我安排了两个重要任务；我想着先来打扫一下，等会儿我把那两个重要任务完成之后，再过来专门把这里搞干净；这个油污挺难擦的，我等会儿再想想别的办法。”

点评：这次布置任务，领导讲清楚了目标，却没有讲目的：就是要把这里打扫干净，打扫的重要性没有讲清楚，所以下属认为打扫卫生并不是一件非常重要的工作。

情景四：

领导给下属小张布置任务：“小张，过来一下。待会儿有一个重要客户到公司来参观，这个客户标准很高。你看这里很脏，赶紧打扫一下，避免影响公司的形象。打扫的标准是：①清理所有的垃圾；②清除干净地上的油污，检查时要求抹布摸过去不允许变颜色；③工器具按照摆放的标准摆放好，我半个小时之后来检查。如果没有达到标准，按照公司管理条例，将对你进行考核处理。”

结果：小张按时按要求打扫到位了。

点评：在这次的任务中，领导既讲清楚了目标（打扫的标准），又讲清楚了目的（强调打扫对于维护公司形象的重要性），因此小张在这项任务中的执行力得到了提升。

通过上述案例，应该怎么来提升目标意识？总结为两句话：接手工作时，主动问清楚目的与目标；布置工作时，讲清楚目的与目标。

（二）目标制定的 SMART 原则

1. 目标要具体（specific）

具体和不具体的区别在于目标能否用具体的语言清楚描述出来，是否明确。举个例子：我 8 月份的目标是多读书，并瘦成一道闪电。这就是典型的目标不具体。

要想具体，我应该说：我要在 8 月份读 4 本书，瘦 2 斤。只有目标具体化，才能明确地传达给每一个人，让整个团队对目标的理解一致。

2. 目标可衡量（measurable）

什么是目标可衡量？可衡量就是要有明确、能被量化的数据指标。王健林曾给我们做过一个正确示范：“先定一个能达到的小目标，比方说先挣它 1 个亿”。

有人说“我想变得更好，赚更多的钱”，这就是个很难衡量的目标。无法衡量，就无法判断这个目标是否实现。因为我不知道怎么才算达到“变得更好”，赚多少钱算“更多”。所以，目标里不能缺少数据。这个目标可以修改为“我要在 1 年做到经理，年收入达到 30 万元”。同样，人们常说“多读书，多看报，少吃零食，多睡觉”也是无法衡量的，你知道该怎么改了吧？

因此，制定目标后，你需要先问自己一个问题：我的目标能不能被衡量，有没有被量化？怎样才能判断目标完成？

3. 目标可实现（achievable）

制定目标时要确保目标是可实现的，不要一下子把目标定得太高太难；当自己完不成目标时会有很大的落差感，对自己的信心也会造成打击。

但是，目标可实现不代表没有挑战性。定目标时要坚持“跳一跳能够着”的原则，通过自己的努力能够实现目标。不断完成目标不仅能给自己带来愉悦感，也能不断地增强自信心，同时在完成目标的过程中，我们的能力也得到了提升。

4. 目标要相关（relevant）

设定的目标必须和自己的身份以及理想相关联。例如，学生的主要任务是学习，如果你的目标是明年完成一百件志愿者工作，那这个目标就偏离了主要方向。用一个形象的比喻，就是你的目标是在捡芝麻，而不是摘西瓜。实现的目标越多，偏离正确的方向越远。

5. 目标要有时限性（timeboxed）

时限性就是指目标是有时间限制的。有了时间限制，才能让目标更可控。如果没有时间限制，你的目标就会每天被其他更紧急的事情排挤，久而久之目标便会被淡忘。所以无论是目标、规划、阶段、事项，都要有明确的时间节点，甚至细致到每天的工作事项计划都要给自己制定时间节点；这样能督促我们按照定好的时间节点来推进工作，避免拖延症，提升效率。

二、服从意识

【案例】

有一次，华为任正非在干部会议上当着全体干部的面讲了两句话："按我说的去做，错了我负责；按你们说的去做，对了也要走人。"说完这两句话，下面的干部有点惊讶，一时不能理解。任总也看出了大家的疑惑，便解释道：我和董事会做的决策有对的，也会有错的，但 80% 左右是对的，20% 左右是错的。如果你们能够不折不扣地执行到位，意味着我们 80% 的事情做对了，20% 的事情做错了，这是可以接受的，但是如果你们随意更改我们的指令，那就有可能把原本 80% 能做对的事改错了，把原本 20% 做错的事改对了，这是公司不能接受的。

随后，任总又给大家举了一个战场上的例子：假设一支部队埋伏在战壕里，这时敌人出现了，指挥官发起冲锋的命令。如果这个时候有一个人站出来反对，说"冲不得啊，冲上去是找死"，那这个人毫无疑问会被军法处置。当然，指挥官的指令有可能是对的，冲上去打胜仗；也有可能是错的，冲上去打败仗。但是不论对错，在战场千钧一发的时刻，绝不允许随意质疑指挥员的指令。因为如果战场上可以随意质疑指挥员的指令，指挥员就没办法指挥。即使指挥员错了，先执行了再说。正如在部队里面有一句话："没有错误的指令，只有错误的执行。"

因此，任正非说，如果允许随意质疑甚至拒绝执行的情况存在，是在破坏整个企业的文化和纪律。这比一件事情的对错要严重得多，这就是任正非强调不服从做对了也要走人的原因。

点评：从这个案例我们可以看到，任正非在公司内部特别强调服从性。正是靠着这军队一般的执行力和服从性，华为才成为如此优秀的企业。

企业内部的“服从天条”：个人服从团队，下级服从上级，全员服从制度规定。

三、责任意识

责权利对等，要想获得多大的权和利，就必须承担多大的责任。很多时候如果只是一味地追求权和利，就会忽略了应该承担的责任。

每一个职场人都希望能够快速地升职加薪，那升职加薪到底有没有“捷径”呢？一起来看一个真实的案例。

【案例】

五强溪水力发电厂位于湖南省沅陵县境内的沅水干流上，1986 年 9 月动工，是湖南沅水干流最大的水电站。一个大规模水电站的建设周期十分漫长，大致分为两个阶段：第一个阶段是主体大坝的施工建设，第二个阶段则是尾工处理。当时该项目由中国水利水电第八工程局（简称“水电八局”）负责建设。第一阶段完工之后，发电方入场，开始筹备投产发电，施工方开始第二阶段的尾工处理。当时水电八局的计划是 5 年之内完成电厂的尾工处理工作。

就在这紧锣密鼓的投产阶段，时任水利部部长到五强溪水电厂视察，并在现场开了办公会议。在会议中，发电方的李厂长就给部长提了一个自己的想法，他希望把电厂的尾工处理交给他们。部长当时听到这个想法甚是惊讶，说道：“中国水电史上，尾工处理一直都是由施工方做；你说你们来做，还保证做得又快又好，你拿什么保证？你凭什么保证？”厂长突然站了起来说：“我拿我的人格保证，拿我的职位保证，如果做不到又快又好，我引咎辞职。”后来五强溪水电厂的尾工处理真的交给了发电方自己做，厂长带着团队，仅仅用了两年时间就完成了尾工处理。后来在整个电网系统的达标创一流的评比中，五强溪水电厂获得了第一名的好成绩。可见，李厂长兑现了自己的承诺，尾工处理工作做得又快又好他后来也被委以重任。

点评：案例中李厂长为何会被提拔？是因为领导觉得李厂长是一个敢于担当，敢于承担责任的好干部。实际上，电厂的尾工处理并非发电方的本职工作，李厂长完全没必要主动承接；接了这项任务，意味着他需要付出更多的努力、承担更大的风险、面对更多的困难。李厂长主动承担了本不属于他职责范围的责任，这就是责任意识。

如何才能在职场快速地升职加薪，相信通过这个案例，大家应该有所领悟。首先，当然是承担好职责范围内应当承担的责任，这是基础；但这还不够，这只能证明你在当前岗位上是合格的。因此，在承担本身职责之外，如果我们还能像案例中的李厂长一样主动承担额外的责任，并把事情做好、做到位；这实际上极大地证明了自己的格局和能力，发展不就顺理成章了吗？

关于“责任意识”，总结为两句话：承担责任，意味着把握机会；更意味着个人的成长和成熟。

很多人不但不会像案例中的李厂长一样主动承担责任，还常常选择推卸责任。例如，领导给他安排一件职责范围外的工作，他会说这不是我应该做的事情；公司给他一项有难度的任务，他会说太难了，让别人来做吧……所以说，你推卸的并非责任，而是成长进步的机会、升职加薪的机会，更是证明自身价值的机会。只有敢于承担责任，敢于承担那些职责外的责任，你才会更加成熟，更加强大。公司才会给你提供更大的平台、更多的权力和利益。

四、客户意识

在职场上，很多人会感到困惑：领导为什么表扬别人不表扬我？领导为什么提拔他不提拔我？为什么评优秀管理者评他而不是评我？总觉得自己遭遇了不公平的待遇。

当你心中出现这样的困惑时，这里实际上存在一个矛盾：自己觉得自己干得不错，自己觉得自己工作得挺好，但领导却不这么认为，到底是哪里出了问题？

回到我们的工作，自己的工作做得好不好，同样只有客户评价才有意义。那谁是我们的客户呢？企业的很多岗位并不直接面对外部购买我们产品和服务的客户，那内部究竟有没有谁是我们的客户？首先我们要给客户下一个定义：能够决定和评价你工作价值的人，就是你的客户。

从这个定义不难看出，在公司内部能够决定和评价我们工作价值的人，比如你的上级肯定是你最核心的客户之一，上级对你的工作评价有一定的话语权。除了领导，其实工作中的上下游部门都是客户关系，包括职能部门与业务部门都是客户关系。相关联的部门都能够评价你的工作好坏。客户除了评价权，还有选择权。

【案例】

某大型的电解铝厂生产电解铝会用到一种原料叫作碳素。过去，这家铝厂所用的碳素都是自己生产的，有一个车间专门生产碳素。但该车间生产的碳素质量经常不达标，多次遭到后续工序的投诉，且投诉之后也没有太大的改善。后来管理层发现，外部采购的碳素不仅质量好，成本还更低。与其自己生产，倒不如直接从外部采购，最终管理层决定将碳素车间关停。

点评：从这个案例可以看到，客户有选择权。他可以选择用你的，也可以选择不用你的。如果你不能满足客户的要求，不能让客户满意，客户早晚会行使选择权将你替换。这就是残酷的市场竞争，这就是企业的淘汰机制。因此，我们常说：一切工作的出发点，都是为了让客户满意。因为客户满意了，企业才能生存发展；客户满意，我们的工作才有价值和意义。

如何提升客户意识？首先，需在内心明确“客户是谁”？除了购买产品和服务的外部客户以及上级领导外，还要确定你在企业内部能够为哪些部门提供支持和服务，为他们创造价值，这些便是你的客户。例如，对于维修部来讲，生产部就是客户：因为生产部是直接创造效益的部门，而维修部本身是成本部门，不直接创造效益，维修部的工作价值是通过生产部来体现的。若生产部失去了维修部的支持和帮助，生产就会受到很大影响，甚至没办法生产。因此，生产部对于维修部工作的认可，才是最大的价值和意义。但很多时候，在生产企业看到的现状是生产部经常和维修部吵架扯皮，这就是一种没有客户意识的体现。搞清楚了客户是谁后，接下来要做的就是深入了解客户的需求，这一点很重要。我们既不能闭门造车，也不能自以为是，更不能对客户需求漠不关心。只有弄清楚了客户需求，才有可能满足客户需求。最后，弄清楚了客户需求后，当然就是想尽一切办法、调动一切可用资源满足客户需求。客户是不能敷衍和糊弄的，你糊弄客户，客户就会糊弄你，那我们的工作就失去了价值。

五、结果意识

经常听到一句话，“没有功劳也有苦劳”，这句话到底对不对呢？

【案例】

某制造企业接到一批很急的订单，公司要求生产部门必须赶在客户规定的时间内交货。于是生产部门加班加点，连着干了三天三夜，终于在要求的时间内完成了生产任务。结果交货时，客户发现产品的质量不达标，拒绝收货。公司要对生产部门追责，并要进行全员考核。于是生产总监向公司请示能否免责，陈述了生产部门的员工连续加班加点，很累很辛苦，没有功劳也有苦劳。这时该如何处置呢？

点评：市场对企业的要求是看结果还是看过程？很明显是看结果。既然市场对企业只看结果，那企业对员工也只能要求结果。一味地强调苦劳，在职场上是没有意义的。今天员工加班加点生产了一批废品，但员工不加班，这批废品还是原材料，因此一切没有结果的执行都是资源浪费。

现在我们知道了结果的重要性，那如何追求结果，在工作中我们应该如何去做？接下来来看一个案例。

【案例】

李天真和赛冰冰同时受雇佣于一家企业，拿同样的薪水。一段时间后，赛冰冰提拔很快，李天真却原地踏步。李天真想不通，跑去质问老板为何厚此薄彼。

老板对李天真说："天真啊，你去市场上看今天有没有卖土豆的？"

一会儿，李天真跑回来汇报："老板，市场上只有一家卖土豆的。"

"有多少土豆？"老板又问。

李天真并不知道有多少土豆，于是又跑到市场上去问。

一会儿，李天真又跑回来汇报："老板，我问了，有40袋土豆。"

"那价格呢？"老板继续问道。

"我忘问了，我现在就去问。"说完，李天真就准备去市场。

这时，老板叫住了他："天真，你先休息一下，我让赛冰冰去吧。"

说完把赛冰冰叫了过来："冰冰啊，你去市场上看今天有没有卖土豆的？"

赛冰冰很快就从市场上回来了，并向老板汇报道："老板，市场上只有一家卖土豆的，一共40袋，价格是两毛五分钱一斤。我现场用手机查了昨天其他经销商的土豆价格，今天的土豆要便宜三分钱。而且经过图片对比，今天的土豆更大更新鲜，我顺便带了一个让您看看。"说完就从包里拿出一个土豆。

老板接过土豆，露出微笑。

赛冰冰继续说道："根据我们以往的销量，40袋土豆一周左右可以全部卖掉，这么便宜的土豆，肯定很赚钱。这是那位卖土豆的王老板的联系方式，如果全部买下，价格还可以再优惠，您觉得合适的话，我可以随时联系他。"

老板很满意地对赛冰冰说："很好，可以了，你去忙吧。"

这时，李天真已经羞涩地说不出话来。

老板对李天真说："天真啊，你就是太天真。你和冰冰是两种思维方式的差别。你是典型的任务思维，推一下动一下，把过程当结果。冰冰是典型的结果思维，她每做一件事都会事先想清楚领导要的结果是什么，然后为了结果不达目的誓不罢休。这就是她能升职加薪，而你原地不动的原因。”

点评：通过这个案例，很容易地判断出，赛冰冰比李天真更优秀，因为他们两个人的思维方式不一样，赛冰冰是结果思维，李天真是任务思维。老板让李天真去看一下，李天真去看了，却未交付任何有价值的结果。赛冰冰也去看了，她不但看了，还把有用的信息收集回来了，收集回来的信息就是结果。我们在工作中也常出现类似于李天真的“任务思维”，这是没有价值的思维方式。一定要把任务思维转变为结果思维，请牢牢地记住下面四句话：做了不等于做到，过程不等于结果，任务不等于业绩，苦劳不等于功劳。

提升执行力五大意识，可进一步通过图 4.3 学习、理解。

图 4.3 执行力五大意识

自我反思：

① 我存在哪些需要改进的执行力问题？

② 我需要提升哪些执行力意识？

第五章 管理者的状态管理

每一个管理者都期望自己的团队是一个富有战斗力的团队，期望每一个团队成员都拥有极佳的工作状态，在工作中满怀激情。如何达成这一目标？电视剧《亮剑》中李云龙的部队永远激情满满，因为李云龙自身就是一位激情四溢的管理者，他走到哪里，就会把激情带到哪里。所以团队的状态在很大程度上取决于管理者的状态。“一只绵羊不可能带出一群狮子”——管理者学会调适和管理自身的状态，极为重要。

在这个章节，将深度剖析“真正的激情”究竟是什么，以及影响管理者状态的各类要素，随后介绍提升管理者状态的各种方法，助力管理者保持良好的工作状态，并感染团队成员。

第一节 激情——事业成功的基石

一、什么是真正的激情

微软创始人比尔·盖茨在一次采访中，记者问了他这样一个问题：“盖茨先生，您接触过很多成功人士，您觉得成功人士有什么共性的特点？”比尔·盖茨脱口而出两个字：“激情！”他说：“我见过很多成功人士，不同的年龄、不同的性别、不同的种族、不同的出身，他们身上都有很多不同的值得我们学习的优点，但他们都有一个共性，那就是每个人都满怀激情。”

可见“想成功，先发疯”这句话也并非毫无依据。只是很多人对激情的理解存在偏差，到底什么是激情？有人说说话声音大就是激情，有人说走路速度快就是激情，有人说办事雷厉风行就是激情，这些都只是激情的表象。

我们要看到事物的本质，激情的本质究竟是什么？来分析一个经典的团队。

例如在《西游记》取经团队中，谁是领导者？毫无疑问唐僧是领导。那这个团队里谁的武功能力最差？其实还是唐僧。奇怪了，观世音菩萨为什么会选一个武功能力最差的人当领导呢？首先来看这个领导选对没有，选没选对看结果，唐僧完成了菩萨交给他的任务。假设不是选唐僧，换一个领导。如果选孙悟空当领导，孙悟空性格急躁，和唐僧经营理念不一致，经常吵架，吵完架就要回花果山，所以让孙悟空当领导，恐怕团队中途就得散伙。如果选猪八戒做领导，猪八戒最想去的恐怕不是西天，团队到了高老庄，猪八戒估计就会娶老婆去了。如果选沙和尚做领导，他是最无所谓的一个人，没有主见，大家说去就去，大家说不去就不去，选他当领导肯定也到不了西天。所以菩萨选了唐僧做这个团队的领导，那唐僧相比另外三个人有什么不一样呢？唐僧内心有一团火，一团不达目的誓不罢休的烈火，我们管这团火叫作真正的激情。

【补充知识】心理学名词“激情”：

激情是一种强烈的情感表现形式，通常发生在受到强烈刺激或面临突如其来的变化之后，具有迅猛、激烈、难以抑制等特性。人在激情的支配下，常常能够调动身心的巨大潜力。

二、管理者的状态决定团队的状态

曾经有一位销售主管向领导请教：最近团队状态不佳，大家都对前景缺乏信心，情绪负面、迷茫，且抱怨较多。有什么培训可以快速调整大家的状态，让团队更积极向上？

以下是他们的对话。

领导：团队状态不好是因为什么原因？

主管：最近有产品停售，公司销售策略也有调整，团队因此产生了很多负面情绪，产能也随之下降。

领导：那公司有对此提前进行政策方面的解释和沟通吗？

主管：有的，一直在跟团队解释和沟通。

领导：但从结果来看，沟通工作基本无效。有想过是什么原因吗？

主管：可能影响到团队成员的切身利益吧，所以怎么解释沟通都没什么用。

领导：有没有找过团队中比较有影响力的、业绩比较好的员工重点沟通？然后请他们再去与团队沟通？

主管：有，但效果也一般，他们对目前的情况也不太满意。

领导：那么不满意的人主要是业务员还是主管？

主管：业务员比较多吧。

领导：你们的业务员从业时间平均多久了？超过一年吗？

主管：超过了，很多都是五年以上了。

领导：那应该都不算新人了，对行业性质和产品应该多少有点认知了。

主管：是啊，但业务员觉得这既影响了他们的切身利益，也会影响后续提成，现在市场又不好，业绩难做，所以一直在闹。

领导：平均有五年从业经验的人，就因为一款产品停售，而影响情绪，导致产能下降，怎么解释沟通都没用？

主管：是啊，反正很难搞。

领导：那么他们之前的状态怎么样？是仅仅因为这款产品停售，还是产品停售只是导火线？

主管：之前团队的状态应该也好不到哪里去，这次产品停售，大家反应比较大。

领导：那他们的主管呢？主管的状态怎么样？

主管：主管们自己也有烦心事。

领导：比如？

主管：招不到人啊，好人留不住啊；没人手就没业绩，没业绩就赚不到钱，所以主管们状态也不好。

领导：这些赚不到钱的主管，状态不好难道仅仅是因为招不到人吗？

主管：招不到人应该是主要问题。

领导：他们自己的销售技能过关吗？过往业绩怎么样？

主管：销售技能和业绩都一般吧，但他们现在已经是主管了，怎么办呢？

领导：那么一些业绩好的、有影响力的业务员或主管呢？他们状态怎么样？产品停售对他们的影响呢？

主管：状态都差不多吧，这两年行情也不好，也不是我们一家公司，整个大环境都不好。您可以去看看行业内其他公司的数据，现在都不太好，都很难。

领导：我们这个行业是非常有前景的，难道团队不这么认为吗？

主管：哪有那么好，现在大环境不好，很难做。

领导：……

主管：您看看有什么培训能解决团队状态不好的问题？

领导虽然还没见过这位销售负责人的团队，但看到他就已经知道了——主管的状态就是团队的状态，主管的状态有多沮丧，团队就有多低迷不振。一个自己都没有足够信心的主管，怎么去激发团队的状态？

团队当然要培训，但首先要接受培训的是管理者，首先要调整状态的也是管理者。

通过企业管理层的状态，就大概能想象团队的状态。做管理者，既是勇者之路，也是智者之路，更是仁者之路。保持跟自己的深度沟通，时时觉察自己的状态、留意自己的能量、警醒自己的影响力——因为你的背后是团队，你别无选择。

第二节
管理者的信念与激情

在上面的案例中，唐僧充满激情的这团火源自何处？是他内心的信念，即取得真经以帮助当时贫苦老百姓解决烦恼。所以，充满激情的第一个方法便是树立信念。

一、信念是什么

要想树立信念，首先要搞清楚什么是信念。信念是指一个人坚信某种观点的正确性，并支配自己行动的个性倾向。信念是激励一个人按照自己的观点、原则和世界观去行动的被意识到的思想倾向，是一个人在长期的实践活动中，根据自己的生活内容和积累的知识，经过深思熟虑所确定的努力方向和奋斗目标。我们来看下面的这个公式：

信念 = 远大的目标 × 坚定的决心 × 强烈的信心

信念由三个方面组成，首先是要有远大的目标，其次是要有完成目标的决心和强烈的信心。

二、奋斗者与混度者

什么是远大的目标？目标和信念有什么关系？可以问自己这样一个问题：现在的自己和过去刚参加工作时的自己比，哪个更有激情？

大多数人都会觉得刚参加工作时更有激情，为什么呢？现在的你比刚参加工作时的你职位更高了、能力更强了、收入更好了，为什么现在反而不如过去有激情？因为刚参加工作时，有一个较为明确的目标，那就是养活自己，靠自己生存下去，解决吃穿住行的问题。那时候有明确的目标，所以有激情。但这个目标不够远大，你会发现几年之后这些目标都实现了，甚至买车买房，结婚生子，过上了安逸的小康生活，这时候内心不再有目标，激情慢慢退却。

内心有远大目标的人，一辈子都在奋斗，我们称这样的人为“奋斗者”。而现在很多年轻人，人生没有目标；整天就知道打游戏、看偶像剧，每天浑浑噩噩，混时度日，我们称这样的人为“混度者”。每一个管理者都应该成为“奋斗者”而不是“混度者”，因为你不是一个人在战斗；你作为团队领头羊都没有激情，得过且过、不思进取、不求上进，下面的人跟着你干又怎么会有激情!

三、管理者的决心与信心

只有远大的目标还不行，当孙悟空、猪八戒和沙和尚决定跟随唐僧去西天取经时，他们实际上也有了目标，但他们缺乏达成目标的决心和信心，也就是说当他们遇到挫折时很容易放弃。唐僧却不会，因为他有不达目的誓不罢休的决心和信心。一路上困难重重，九九八十一难，几乎每个妖怪都想吃他的肉；一路上诱惑满满，多少位女施主都想嫁给他，但唐僧不为所动，这才是信念。

我们很多年轻人，很多时候不是没有目标，目标喊得震天响，但就是缺乏决心和信心，遇到困难就放弃，遇到诱惑就变心。所以信念不只是要有目标，还要有达成目标的决心和信心。

管理者的决心与信心来源于以下三点：过去已经取得的成绩、不断提升的能力、永不停歇的奋斗精神。决心就是力量，信心就是成功。

四、实行对标管理，打造激情团队

要想让自己保持激情，必须给自己设定一个远大的目标。要想让团队保持激情，也必须给团队确定目标。很多优秀的企业都在实行对标管理，就是不断地给团队设定追赶目标，从企业内部开始找标杆；内部做到第一了，就在国内找标杆；国内做到第一了，就在国际上找标杆；让团队一直有一个追赶的对象，始终保持激情。

（一）什么是对标管理

对标管理，也称“标杆管理”“基准管理”或“水平对比”，即“基准、评效”管理。就是以优秀的企业或机构作为学习的榜样或标杆，对照其经营业绩、管理程序，找出本企业管理的差距；并参考标杆企业或机构的成功经验，制定并实施改进措施，从而提高本企业经营管理水平的一种管理活动。

对标管理起源于20世纪70年代的美国施乐公司。最初，人们利用对标寻找与其他企业的差距，将其作为一种调查比较的基准方法。后来，对标管理逐渐演变为寻找最佳案例和标准，通过与标杆对比并结合自身比较，改进企业短板、加强内部管理、不断超越自我，推动企业向业界最高水平靠拢的一种方法。

企业将关键业绩指标与最强的竞争对手或在行业中领先的优秀企业的关键业绩指标作为基准，进行评价与比较，分析这些基准企业的绩效形成原因，在此基础上，建立企业自身可持续发展的关键业绩标准，并形成绩效改进的最优策略的程序与方法。

对标管理通常有两种分类方法。按照对标的对象分，可以分为内部对标、竞争对手对标、行业领先者对标和跨行业对标四种。其中，竞争对手对标与行业领先者对标是最常用的对标方式。按照对标的内容分，可以分为战略对标、产品对标、过程对标和管理对标四种。全面的对标管理体系往往包含以上所有内容。

（二）团队如何做好对标管理

实施对标管理总体分为五个阶段：

第一阶段：分析现状、全面梳理，建立健全指标体系；

第二阶段：收集资料、选定标杆，建立健全标杆数据库；

第三阶段：审定指标体系和对标目标，明确各指标的责任部门；

第四阶段：分解对标目标，建立多级对标体系（制定详细工作方案，明确进度表、路线图，确定阶段性达标指标，建立定期分析及总结机制）；

第五阶段：将对标目标纳入绩效考核体系，制订年度或阶段性的对标考核与激励办法。

（三）对标管理的七大误区

误区一：将“对标”与“达标”混淆

对标是比对优秀行业、标杆企业，寻找差距并实施改进，从而提升本企业经营管理水平的动态持续循环的过程；达标则是为了达到规定的标准和管理目标，而推行的检查、验收、评定的过程。前者是主动的进取行动，后者是对规定的执行。

误区二：仅对技术经济指标进行对标

对标管理不能片面地仅瞄准可量化的技术经济指标，还要对标创新理念、业务技能、产品质量、经营机制、规模水平与发展水平、人力资源管理等方面。

误区三：标杆选择只局限于竞争对手，且只求“最好”

选择竞争对手作为对标标杆只是对标管理的一种方式。同时，由于“最好”的企业与本企业相比，可能在规模、员工数量、所处生命周期阶段、市场区域情况等方面存在显著差异，导致指标的可比性较差，因此标杆的选择应遵循“最好的不一定是最佳，合适才是最好的”原则。

误区四：将预算完成情况等同于对标

由于对概念的理解错误或为了应付检查，将指标同预算指标进行对比，结果100%指标超过或达到预算，也完全背离了对标管理的初衷。

误区五：“自上而下”进行对标

所谓“自上而下”对标是指上级单位收集下属企业的信息，与行业标准值或优秀企业进行对标，判定下属企业所处的行业位置，进而评定其等级，“帮助”下属企业进行对标，这是对标管理的狭隘理解。对标管理应该以企业为主，结合自身的实际情况主动实施对标工作。

误区六：对标“重结果，轻过程”

不能仅在年终（中）将指标进行对比，得到一个对标结果，作为考核评价的依据，这样就完全抹杀了对标管理“持续改进”的初衷。对标管理应该由一系列环节构成连续、循环的过程，而不能只关注某一时点的数据。

误区七：对标管理与企业绩效考核两条线

应将对标管理情况纳入企业绩效考核体系中，形成一个有机的整体；重点考核对标活动开展前后指标的改善幅度，并与激励机制深度挂钩，才能推进对标管理有效落地。

【补充知识】“对标环”

“对标环”由立标、对标、达标、创标四个环节构成，前后衔接，形成持续改进、围绕“创建规则”和“标准本身”不断超越、螺旋上升的良性循环。

立标：有两重含义。其一，选择业内外最佳的实践方法，以此作为基准、作为学习对象；其二，在企业内部培养、塑造最佳学习样板，可以是具体方法、某个流程、某个管理模式，甚至是某个先进个人，成为企业内部其他部门或个人的榜样，即通过试点树立标杆。

对标：对照标杆测量分析，发现自身的短板、厘清差距，同时分析与尝试制定自身的改进方案，探索达到或超越标杆水平的方法与途径。

达标：改进落实，在实践中达到标杆水平或实现预期改进成效。

创标：运用“标杆四法”创新并实施知识沉淀，形成超越最初选定的标杆对象，形成新的、更先进的实践方法，重新进入“对标环”循环，直至成为行业标杆。

第三节 管理者的正能量与激情

经常会听到或提到“正能量”这个词，正能量往往伴随着积极阳光的心态。而充满负能量的人，往往会表现得消极、被动、喜欢抱怨。因此，充满激情的第二个方法就是树立正能量。

一、正能量与意见

（一）什么是正能量

正能量，这一个原本隶属物理学科的词汇，如今逐渐延伸为一切能赋予人向上和希望、使人不断追求、让梦想变成现实和生活变得圆满幸福的动力和感情。习近平总书记在多个正式讲话中明确强调，激发正能量是实现“中国梦”的关键要素。

（二）什么是意焦

意焦，即注意力焦点。注意力是指人的心理活动指向和集中于某种事物的能力。俄罗斯教育家乌申斯基曾精辟地指出：“注意是心灵的唯一门户，意识中的一切，必然都要经过它才能进来。”注意力是人意识的具体表现，是把自己的感知和思维等心理活动指向和集中于某一事物的能力。注意力是记忆力的基础，记忆力是注意力的结果。注意的广度、稳定性、分配能力和转移能力，是衡量一个人注意力强弱的标志。

注意力的焦点在哪里，哪里就产生现实。现在的生活状况和工作状况就是注意力焦点管理的结果。把注意力焦点放在好事上，就产生好的结果；把焦点放在不好的事上，就产生不好的结果。因此，注意力焦点的管理就显得很重要。

二、同一件事：积极的一面与消极的一面

【案例】

某企业组织员工周末开展培训。通知下发之后，员工们开始议论，有的甚至公开抱怨："又搞什么鬼培训，周末好不容易休息一下，真不想去。"但也有员工非常支持，认为培训是件好事，是一次很好的学习成长机会；平时在工作中有很多问题不知道怎么解决，正好利用这次机会提升一下自己的能力。

点评：从上例我们不难发现，同样是面对培训这件事，有的人意焦（注意力焦点）关注的是积极的一面，有的人却关注的是消极的一面。那个关注消极一面的员工，在培训现场肯定是满腹牢骚，充满了负能量；而那个关注积极一面的员工在培训现场一定表现得积极主动，充满正能量。所以我们总结了一句话：任何事情的发生既有积极的一面，也有消极的一面；意焦关注积极的一面获得正能量，意焦关注消极的一面获得负能量。

三、同一问题：主观原因与客观原因

负能量的人最喜欢做一件事，那就是抱怨。但这种抱怨往往不是针对自己，而是抱怨别人、抱怨外部环境、抱怨客观。有的人抱怨自己出身不好，羡慕富二代；有的人抱怨社会对普通人不公平，羡慕有钱人。但这些抱怨能帮助他们改变现状吗？很明显不能，只能让人徒增烦恼。人不会因为抱怨而成功，只能通过自己的奋斗而成功。既然做不了富二代，只能努力争取做富一代。所以要想解决问题，一味地找客观原因，最后什么也不会改变。只有从主观出发，从自身找问题，才可能解决问题。

【案例】

某公司人力资源部职员小王有一次开车通过一个没有红绿灯的十字路口，他观察了一下，路口没有人，可正在他通过十字路口的时候，突然冲出来一个骑摩托车的，两辆车就撞上了。后来交警赶到现场，判了他的全责，他很不服气，但也没有办法。

从那以后，他见人就抱怨，觉得自己是一个受害者。他抱怨政府为什么不装红绿灯，抱怨这个骑摩托车的不遵守交通规则、没有安全意识，抱怨交警的判罚不公平。这件事在他心中就成了一块去不掉的伤疤，每次提起这个事，他还是愤愤不平。这么多年过去了，还是很纠结。

人力资源部李经理听完他的经历之后就问了他一个问题。李经理说：

“如果不考虑这些外部因素，今后你遇到这样的情况，你应该怎么做？”小王说：“我肯定会把车速放得更慢一些，观察得更仔细一些，甚至停下来观察，确保没问题之后再通过这个路口。”李经理又问他：“你现在觉得这件事情你到底有责任没有？”小王说：“有，确实我当时的速度还不慢，观察也不是特别仔细，心里想着正好没人，赶紧开过去。”

李经理对他说：“你之前抱怨的那些问题，确实都是存在的，你没有说错。但是抱怨的那些问题并不能帮你改变什么。你抱怨这个路口没有红绿灯，即使给你装上了，那还有很多没有红绿灯的路口，你怎么办？你抱怨骑摩托车的不遵守交通规则，即使他改了，那还有可能碰到其他不遵守交通规则的人，你怎么办？你抱怨交警判罚不公平，交警也不会因为你的抱怨而改判，下次碰到这种情况还是会这么判，你怎么办？所以当问题发生之后，我们不要去做一个受害者，要想办法做责任者。只有找到自己应该承担的责任，然后改变自己，问题才不会重复发生。”

小王听完豁然开朗，这么多年的纠结也放下了。他意识到在这件事情上自己是有责任的，不完全是一个受害者。

点评：在车祸这个案例中，既有主观原因，也有客观原因。如果你只关注客观原因，你就会变成一个受害者，很痛苦、很纠结，关键是问题还得不到解决。如果从主观找原因，做一个“责任者”，你心里就没那么纠结了，更重要的是今后能够避免类似的事故再次发生，只有解决问题才是最终目的。由此我们总结了树立正能量的另一句话：任何问题的发生，既有主观原因，也有客观原因；意焦关注主观原因获得正能量，意焦关注客观原因获得负能量。

某家位于新疆的制造业企业，其中部分中层管理者抱怨离职率太高。理由是“新疆这个地方很偏僻，周边都是戈壁滩，很多人在这边待不习惯；环境也很恶劣，热的时候非常热，冷的时候非常冷，还经常刮沙尘暴；员工工资也不是很高，相比于同行没什么竞争力。周边有好些企业经常派人到厂门口来挖人，好点的技术人员经常被挖走。”于是公司董事长问他们：“企业里面有没有团队离职率比你们低的？”他们说有。那么问题来了，这个离职率比你们低的团队，你刚才说的这些原因，他们存在吗？很明显大家都面临这些客观原因，别人离职率低，一定是他们带团队的方式和你有所不同。我们并不是否定客观原因的存在，这些原因确实会导致离职率高，但如果一味地抱怨这些客观原因，对于我们降低离职率没有任何的帮助。在这种情况下，要想降低离职率，就必须从主观找原因、从自身找问题，通过改变自己的管理方式来降低离职率。关注主观原因的人，总是积极地想办法解决问题；而关注客观原因的人，总是消极地推卸责任。

记住这两句话，并运用到工作与生活中，你就能成为一个充满正能量的人。

反思：

① 过去面对某个问题时，你有没有陷入“受害者”心态？

② 如果从主观去找原因，你应该承担什么样的责任？

③ 针对这个问题，你将如何从自身的角度做出调整？

第四节 管理者行为与激情

充满激情的第三个方法就是通过改变行为方式来调整自我、下属或团队的状态。行为与状态的关系，是心理学、哲学、认知科学中的核心议题，二者相互交织、互动循环，构成个体活动的丰富图景。

一、行为影响状态

一个人的状态会影响这个人的行为，这个观点很好理解；比如今天心情好，工作起来都特别有干劲，今天有了烦心事，干啥都没劲，吃啥都不香。这句话反过来也成立，就是改变行为也可以影响状态，包括影响情绪和心境、态度和信念、认知和思维模式、动机和能量水平等多种内在心理状态。

19 世纪 80 年代，心理学家威廉·詹姆斯研究了行为与情绪之间的关系。威廉·詹姆斯提出了一个假想，认为情绪和行为之间是相互影响的。人们微笑是因为快乐，同时人们也会因为微笑而变得更快乐。

行为和情绪

常识告诉我们行为和情绪的因果关系如下：

幸福→微笑

害怕→逃离

“假想”原理告诉我们行为和情绪的因果关系也可以倒置如下：

微笑→幸福

逃离→害怕

很多学者对詹姆斯假想进行了实验。他们让志愿者按要求微笑或皱眉，然后给自己的快乐程度打分。实验结果相当显著，就和詹姆斯假想的一样，当实验参与者们做出微笑的表情后，他们感觉自己快乐了起来；当他们皱起眉头时，感觉自己也无端生气起来。

行为改变状态的事例比比皆是。很多大型企业动辄招聘数百名应届大学毕业生，这些人来自五湖四海，思想、行为各种各样，但通过短时间的团建活动，就能形成了新的精神状态和行为方式，产生立竿见影的效果。

我们经常看到一些服务行业或是销售团队，他们的早会都开得特别疯狂，大声地问好、大声地喊口号、热烈的鼓掌等。为什么早上一来要搞这么热烈？就是公司希望用行为去带动员工的工作状态。昨天的工作可能面对了形形色色的客户，内心多少会有挫折感，或者生活当中有很多消极的情绪，都会影响工作状态。“一日之计在于晨”，通过这种热烈的早会形式，帮大家迅速调整状态投入今天的工作当中。

面对复杂、不确定性的竞争环境，社会心理情绪问题越来越突出。管理者必须在做好工作指导的同时，加强心理辅导，让自己和团队保持良好状态。企业、教育等各行各业的管理者，都要适当了解行为与情绪的生理学密码，为做好情绪管理工作提供基础。现在很多人沉迷于短视频、网络游戏、打牌赌博，已经成为比较普遍的社会问题。解决这类问题，需要了解多巴胺和内啡肽这两种“快乐激素”如何影响人的行为方式。我们用乐趣、兴趣、志趣的关系处理来简要说明。

乐趣是在做某件事情时所体验到的快感和满足感。很多人十分享受短视频、逛商场、品美食带来的乐趣，甚至沉迷其中。这些大众生活乐趣，丰富多彩，主要受多巴胺的影响，简单直接、成本低廉。激励分子多巴胺能带给人快速短暂的兴奋和活力感，但快感转瞬即逝后会有更大的愧疚，空虚、失落、自我否定，从而会产生更大的需求渴望，需要重复的行为刺激来维持，从而“上瘾”。获得更健康的多巴胺，可以经常冥想，吃营养丰富的原生态食物，改善身体健康。防止多巴胺不健康“上瘾”问题，需要把人的注意力转移到兴趣和志趣上来。

兴趣爱好是个人内在的一种倾向性。一个人对某事物感兴趣，就会对其特别注意甚至产生深厚情感，从而敏锐观察、牢固记忆、深度思考、持续努力。比如网络游戏通关、台球技术、牌技提升。但这类事情往往具有专业性，需要持续训练，并付出较大的时间和资金成本。专业能力的提升，会让人体分泌内啡肽，产生“奋斗的成就感”，带来比较持久的快乐。内啡肽是天然止痛药，可以缓解痛苦并增强愉悦感。同多巴胺比较，内啡肽是需要付出努力后才能感受到的快乐，所谓先苦而后甜。内啡肽也可能容易上瘾，但是更容易满足，不会有愧疚感，让人精力更好，更加积极向上，缓解抑郁，更容易认可自己。

单个人兴趣爱好多种多样，还有进一步合理选择的问题。比如锻炼身体、深度思考、技能提高，很有正能量；但打牌赌博技术的提高，往往导致负面问题。明代陈继儒提出“志要高华、趣要淡泊”的修养标准，实质是主张把人的兴趣爱好转移到志趣上来。志趣是一个人为了实现自我价值和社会价值而坚定的追求和行动，是人的志向（人生目标）与兴趣（情感偏好）的统一。志趣的实现会刺激内啡肽的分泌，从而带来更大更持久的乐趣和兴趣，这与个人职业生涯成功和社会进步的客观需要高度契合。

企业文化理论深入揭示了行为与状态之间的相互关系。在精神文化、制度文化、行为文化、物质文化构成的四层次文化管理模型中，精神文化、制度文化是深层次问题，相当于水面下的“冰山”，物质文化相当于具体可见的水面上的“冰山”。精神文化、制度文化必须通过强有力的行为文化即执行力，才能转化为良好的物质文化成果。

理论必须与实践相结合，实践是检验真理的唯一标准等马克思主义的基本观点，强调了社会实践的重要性。中华文化推崇言传身教、知行合一，指明了教育和影响他人的双重方式，就是既要通过语言进行讲解和传授知识，也要通过行为示范来影响他人改变状态。心动不如行动，行动决定结果。优秀首先表现为良好的行为习惯。卓越管理者不仅重视精神文化和制度文化建设，更加重视把精神文化和制度文化转化成行为文化，打造强悍的行动力。

二、积极“创造”个人和团队的好状态

理解了“行为影响状态”，就拥有了一个强大的自我调节工具。当你状态不好时，不必苦苦等待感觉变好，而是可以通过行动来“创造”好状态。

感到沮丧低落时，强迫自己微笑，听欢快的音乐并跟着节奏摆动，或者出去快走一圈；感到焦虑紧张时，做几次深长的腹式呼吸，挺直胸膛，放松肩膀；缺乏自信时，做出“高能量姿势”（比如双手叉腰、昂首挺胸）站两分钟；拖延没有动力时，从最简单、最小的第一步开始做（比如“只写一行报告”“只穿好运动鞋”），用行动带动动机；想培养某个好习惯时，不管心情如何，先开始做。不要等有“感觉”了再去做。

这样提升个人工作状态的方法也可以运用到团队管理中，当团队成员状态不好的时候，作为管理者，应该通过行为上的改变来影响大家的状态。问个好、喊喊口号、唱个歌、做个小游戏运动一下，都是不错的方法。下

面我们从四个方面来谈谈具体的行为改变。

1. 赞美系统：让“点赞”制度化

我们要让团队内部的赞美和感谢从“随机行为”变成团队“肌肉记忆”。我们在办公区设置“能量墙”或“高光时刻”看板，任何团队成员都可以随时贴上便签，写下对另一位成员的感谢或赞美。每周例会开始时，花 5 分钟分享墙上最动人的几条点赞。

还可以设立一系列有趣、非正式的奖项，定期（周 / 月）颁发。例如：

“灯塔奖”：授予那位最能主动帮助同事、照亮他人的人。

“攻坚奖”：授予成功解决了一个棘手历史难题的成员。

“小太阳奖”：授予那位总是能提振团队士气的人。

2. 构建团队身份与归属感

我们通过共同的符号和仪式，强化“我们是一伙的”这种感觉。共创团队口号与使命宣言。我们团队最核心的价值是什么？我们希望被其他团队如何形容？将讨论结果浓缩成一句响亮、好记的口号。例如，一个技术攻坚团队的口号可以是“没有拆不掉的高墙”。把它印在文化衫、贴在会议室门口。

我们设计团队专属的“仪式”：

开工仪式：每周一早上 15 分钟的“启动会”。

收官仪式：每周五下午的“胜利分享会”，每人分享本周自己做成的一件小事，庆祝一周的结束。

团队加油仪式：每天下班后为团队内的后进员工加油打气。

入职仪式：为新员工设计一个欢迎仪式，比如由一位老员工赠送一件团队文化衫，并分享一句团队“黑话”。

我们创造团队“暗号”与“黑话”：

基于团队共同经历的有趣事件，形成内部才懂的语言。示例：如果曾因一个“在最后一天才发现”的错误而惊险过关，那么以后遇到类似风险，就可以说“警惕 ××× 事件重演！”大家会心一笑，立刻明白其严重性。这些黑话是团队共同的记忆，能快速拉近距离。

3. 共同创造积极体验：制造快乐氛围

积极的氛围源于大量共享的积极体验。超越普通的吃饭唱歌，尝试更有创意和记忆点的活动。

团队黑客松：用 24 小时的时间，自由组队，解决一个工作之外的趣味技术难题。

“真人图书馆”：让团队成员轮流分享自己独一无二的技能或经历（如潜水、烘焙、徒步西藏），进行一次“灵魂交流”。

协作型公益：组队去参加一次植树、义工等活动，感受奉献的共同价值。

营造“微乐趣”时刻：在日常工作中埋藏惊喜。比如在一个沉闷的下午，突然宣布“下午茶时间”到，送上零食和饮料。设置一个“奇葩奖品抽奖”，在完成一个艰巨任务后，抽奖奖品可以是一包辣条、一个跑腿券等。创建一个团队歌单，在需要提神时共同播放一首激昂的音乐。

4. 积极地沟通与反馈习惯：让正能量流动起来

将积极沟通内化为团队的日常习惯。

“烦恼与收获”复盘法：在每日总结会或每周复盘时，让每位成员分享：今天 / 本周遇到的一个挑战或烦恼，今天 / 本周的一个亮点或收获。这保证了负面情绪有出口，但最终以积极点结束，塑造了“问题可以解决，生活总有美好”的乐观心态。

发现团队成员的优势：引导成员不仅关注“如何补足短板”，更多思考“如何最大化每个人的长板”。例如：“这个任务需要极强的细节把控，这正是小王所擅长的，我们让他来主导质量关卡如何？”当每个团队成员都感觉自己的优势被看见和利用时，其投入度和幸福感会暴增。

总结而言，培养充满激情的团队氛围就像经营一片花园，需要系统、持续地做好这些“小事”，通过持续地改变日常“小”的行为，来提升团队状态和氛围。当一个新成员加入后能迅速通过这些仪式和行为感受到“这里的氛围真好”，那么团队的“能量场”就真正形成了。

三、行为与情绪矫正

在行为与情绪丰富多彩的互动循环关系中，管理者要持续培养对非理性行为与情绪的矫正能力，力戒拖延症。下面介绍情绪矫正“四步法”和突破贫穷与拖延互锁困局“四步法”两个实用工具。

（一）情绪矫正“四步法”

费斯汀格法则认为，人的一切情绪与行动反应（C），只有 10% 源于发生在自己身上的客观事实（A），而 90% 源于对事实的认知（B），但 B 与 A 往往相差甚远，这就是很多人熟知的情绪 ABC 心理学定律。该定律告诉我们，人的主观认知是影响情绪和行为的关键因素，很多困境往往源自对负面事件的情绪放大反应而非事件本身；提高自我管理能力的关键，在于让主观认知更加契合客观事实。

主观认知普遍背离客观事实的深层原因，在于杏仁核“劫持”与情绪内耗。情绪失控时，刺激大脑分泌肾上腺素，杏仁核活跃度上升，结果就是情绪脑压制理性脑的思考功能，并直接绕过理智区域（前额叶皮质），放大焦虑感和危险信号，强化“情绪内耗”等负面循环。正念冥想、深呼吸、规律运动等行为，可以激活前额叶皮质，抑制杏仁核活跃度，解除杏仁核“劫持”状态。为了有效应对杏仁核“劫持”可能导致的非理性行为，管理者要掌握“情绪矫正四步法”：

第一步：冷静缓冲。具体有两点措施：

① 启动黄金 10 秒法则。这是一种通过短暂停顿和生理调节，来中断情绪惯性、恢复理性思考模式的实用技巧。急事缓办，事缓则圆，实质就是在遇到急难险重问题时，要先让自己冷静下来，将情绪主导模式切换到理智主导模式。只有收拾好心情，才能办理好事情。据相关研究资料，深呼吸可以激活迷走神经，使杏仁核的活跃度下降 40%，前额叶的血流量上升 30%，从而提高大脑的情绪调节能力，阻断负面情绪传导链，让身体切换到“休息状态”。

② 抽离法。就是暂时站在局外人的角度思考问题，这可以将情绪影响减少 65% 以上。

第二步：本质觉察。就是应用 5Why 分析法，透过现象看本质，从而找到解决问题的科学方法。

第三步：有效执行。具体有三个要点：把大事情分解成小目标事情；坚决做好能做的事；灵活应对难做的事。

第四步：复盘迭代。持续优化上述步骤，形成化解情绪问题、应对杏仁核“劫持”问题的常态化思维与工作习惯。

（二）力戒拖延症

1. 拖延症的普遍性

大家都明白这样一些道理：不要低估等待的伤害，不要高估时间的耐心；想到和得到之间，隔着一条做到的鸿沟，将芸芸众生区分开来；最好的时机就在当下，错过了就是一生的遗憾；把握未来的人，首先把握的是当下；想到了就去做，才能抢在别人前面。但在现实生活中，很多人失败的主要原因就是拖延症。

2. 拖延与贫穷的关联互锁

拖延不是简单的懒散，而是一种深层的行为模式。研究发现：贫困群体中，普遍存在严重的拖延现象。很多人渴望更好的生活，明明有改变现状的能力，具有行动的机会，但总在关键时刻拖延，最终错失良机，从而持续困在贫困的泥潭中。

贫穷与拖延的关联，主要源于两个方面的深层障碍：祖传反射系统与慎思系统的冲突，认知负荷与行为选择的博弈。

祖传反射系统是大脑经过漫长进化形成的快速反应机制，负责快速、自动化应对生存威胁等紧急情况，如迅速躲避危险。该系统追求及时满足，包括对高糖、高脂肪食物的自然渴望和对轻松愉悦行为的本能倾向，因此极为短视，只关心眼前得失，缺乏长远规划能力，并通过多巴胺分泌强化这种选择。通常情况下，祖传反射系统因为反应更为迅速和本能，在大脑决策系统中占据主导地位。

慎思系统就是我们常说的深度思考能力，是专属于前额叶皮层的决策系统，是人类区别于其他动物的理性决策中枢，负责控制冲动、理性思考、长远规划，为了美好未来而从现在就努力奋斗。

慎思系统特别耗能即消耗大量认知资源。日常衣食住行带来的生存压力、反复权衡琐碎选择引起的决策疲劳、不稳定人际关系或噪声等环境干扰，这三类问题会持续消耗大量认知资源，严重压缩慎思系统的空间，导致认知负荷过载。

认知负荷与行为选择存在密切互动关系。认知负荷理论认为，大脑的工作记忆容量有限（约 5 ～ 9 条信息），当需要处理的信息超过大脑承载能力时，就会出现认知过载问题，导致决策效率显著下降。

在认知负荷过重的压力下，大脑将无法将目标任务分解为具体的行动步骤，慎思系统就会陷入明知道该做某事却无法行动的“失灵”状态，从而将大脑的决策控制权拱手让给祖传反射系统，这就是我们经常走神、注意力不集中的原因。人们在做事的过程中，往往不由自主地想玩手机或与人聊天开小差，实质就是祖传反射系统被短期诱惑所吸引，不断“劫持”注意力，使人转向能带来即时满足的行为。比如有人想通过自媒体创业增收，但面对写稿、拍摄、剪辑、运营等复杂任务时，大脑会因压力过大而改变行为选择，最终逃避到刷短视频的即时快感中。

长期处于资源匮乏状态的人，往往面临更严重的认知带宽压力。大脑持续应对挑战，导致注意力和决策力被过度消耗，更倾向于被即时满足麻痹，因此更多依赖本能反应，而非调动大量认知资源的理性行动。

现实生活中，大多数人的慎思系统不够发达，缺乏足够的“意识肌肉”去对抗即时满足的诱惑。由此可见，拖延与贫穷的关联互锁，本质上是一场大脑资源的争夺战。

神经科学揭示：大脑具有可塑性认知模式，可以通过后天学习训练去改变。这种后天努力带来的改变或许缓慢，但滴水穿石：当认知负荷被有效管理，系统冲突逐步化解时，命运的齿轮终将开始转动，从而通向更广阔的人生。

3. 突破贫穷与拖延互锁困局“四步法”

解决拖延问题，不能只靠意志力硬抗，而要从认知科学出发，掌握突破贫穷与拖延互锁困局的“四步法”。

第一步：拆解任务。用思维导图等可视化工具，将目标任务拆解为可执行的步骤，降低认知压力。比如每周学习 3 小时短视频剪辑，每月完成 5 条作品，通过图形化出现，减少大脑处理信息的复杂度，因为祖传反射系统对小任务的抵触情绪更低，更容易启动行动。

第二步：优化环境。通过条件反射，强化“特定环境与专注行动”的关联，减少祖传反射系统的干扰。比如在需要专注时，将手机放入另一个房间，或用专注类 App 屏蔽娱乐软件，或建立固定的工作仪式如泡一杯茶后立即开始工作。

第三步：认知升级。阅读积累知识，提升对复杂问题的理解能力。

第四步：生理支持。睡眠与营养。如睡眠不足会显著削弱前额叶皮层功能，导致自控力下降，破坏高效决策的生理基础。

祖传反射系统与慎思系统的冲突，认知负荷与行为选择的博弈，揭示了贫困与拖延关联互锁的基本逻辑，说明了人脑应对复杂大系统问题的主要窘境，展现了人工智能发展的广阔空间。DeepSeek 为代表的 AI 大模型，具有良好的自我学习与深度思考能力，比人脑更适合从事复杂的“跨界”管理活动，为人类克服大脑缺陷、力戒拖延、奔赴成功，提供了卓越工具。

参考文献

[1] 彼得·德鲁克 . 管理的实践 [M]. 北京 : 机械工业出版社 , 2018.

[2] 弗雷德里克·泰罗 . 科学管理原理 [M]. 北京 : 电子工业出版社 , 2013.

[3] 亨利·法约尔 . 工业管理与一般管理 [M]. 成都 : 四川人民出版社 , 2014.

[4] 赵思家 . 大脑使用指南 [M]. 长沙 : 湖南科学技术出版社 , 2019.

[5] 詹姆斯·M. 库泽斯，巴里·Z. 波斯纳 . 领导力 : 如何在组织中追求卓越 [M]. 北京 : 电子工业出版社 , 2013.

[6] 威廉·莫尔顿·马斯顿 . 常人之情绪 : DISC 理论原型 [M]. 北京 : 北京工业大学出版社 , 2018.

[7] 谢弗尔 . 压力管理心理学 [M]. 北京 : 中国人民大学出版社 , 2009.

[8] 弗罗斯特 . 情商管理 [M]. 北京 : 中信出版社 , 2005.

[9] 彼得·德鲁克 . 卓有成效的管理者 [M]. 北京 : 机械工业出版社 , 2018.

[10] 拉里·博西迪 , 拉姆·查兰 . 执行 : 如何完成任务的学问 [M]. 北京 : 机械工业出版社 , 2016.

[11] 马丁·塞利格曼 . 积极心理学 [M]. 北京 : 中国轻工业出版社 , 2008.

[12] 弗雷德·路桑斯 , 卡洛琳·约瑟夫 - 摩根 , 布鲁斯·J. 阿沃利奥 . 心理资本 : 激发内在竞争优势 [M]. 北京 : 中国轻工业出版社 , 2018.